HISPANISTIK IN SCHULE UND HOCHSCHULE

32

Manuel Moral / Manfred Betz

Diccionario idiomático del español coloquial actual

Wörterbuch der spanischen Umgangssprache
– Idiomatismen der Gegenwartssprache –

Romanistischer Verlag · Bonn

Hispanistik in Schule und Hochschule
Herausgegeben von Karl-Heinz Joppich

32

Die Deutsche Bibliothek – CIP-Einheitsaufnahme

Moral, Manuel :
Diccionario idiomático del español coloquial actual =
Wörterbuch der spanischen Umgangssprache -
Idiomatismen der Gegenwartssprache / Manuel Moral/
Manfred Betz. – Bonn : Romanistischer Verl., 1998
   (Hispanistik in Schule und Hochschule ; 32)
   ISBN 3-86143-077-0

Titelgraphik: Rolf Wetter, Leverkusen
Druck: Martin Roesberg, Witterschlick
Romanistischer Verlag Jakob Hillen
Hochkreuzallee 46, 53175 Bonn

Copyright by Manuel Moral and Manfred Betz
Alle Rechte vorbehalten
ISBN 3-86143-077-0
ISSN 0177-3607

Introducción

Por un mal entendido sentido del puritanismo lingüístico, existe la tendencia a descuidar cuando no obviar en las obras lexicográficas un aspecto muy importante en cualquier lengua, integrado en lo que denominamos el lenguaje coloquial. Nos referimos a los vulgarismos, al argot y las jergas, que, sin embargo, tienen una gran incidencia sociolingüística. Sin el argot no es posible captar en su totalidad el carácter de un pueblo, su forma de sentir y de expresarse.
Cuando hablamos de lenguaje vulgar es muy difícil trazar una divisoria social. En el caso específico de España, voces consideradas vulgares, y no tenidas en cuenta en los diccionarios, son de dominio público, pertenecen tanto al lenguaje popular como al familiar y son utilizadas indistintamente por personas pertenecientes a todos los estamentos sociales y culturales. También, con la progresiva igualdad de derechos entre hombres y mujeres, se ha roto el tabú lingüístico para el mundo femenino, y las mujeres españolas utilizan con toda la naturalidad vocablos antes solamente reservados al áspero mundo masculino. En realidad, en el uso de los vulgarismos no existe, en la mayoría de los casos, conciencia de estar profiriendo „tacos". El vulgarismo o el argot ha pasado a convertirse en moneda lingüística de uso corriente y ha perdido en muchos casos su pristino sentido soez para ingresar en la categoría de las interjecciones o incluso de los modismos.
El argot, cuya vertiente madrileña --en gran medida extendida por casi toda España-- también es conocida como cheli, penetra tan profundamente la vida cotidiana española que sin su conocimiento un extranjero que domine el castellano no entenderá sin sustanciales lagunas conversaciones en cafés o en tertulias ni las obras (cine, teatro, novelística) del neorrealismo español, así como tampoco las columnas y crónicas de la prensa española, escritas según se expresa el pueblo. Auténticos maestros en el arte de combinar lo culto con lo vulgar e incluso lo soez son, entre otros, el Nobel de Literatura Camilo José Cela, el escritor/columnista Francisco Umbral o el periodista Jaime Campmany, que escribe en un órgano tan católico, conservador y purista como *ABC*. Quizá el uso del argot por parte de estos escritores y periodistas esté al servicio del populismo, pero es una realidad que el pueblo se exterioriza así.
La intención de este diccionario del argot español es facilitar a los alemanes que saben bien el español el conocimiento de esta importante faceta del castellano y servir de ayuda a los traductores de obras contemporáneas españolas que, según he comprobado frecuentemente, se ven obligados a inventar, a menudo con poca fortuna, cuando salen a su encuentro vocablos, expresiones y modismos que no figuran o están insuficientemente explicados en los diccionarios convencionales.
Manuel Moral

EN EL TRULLO

Zeichnung: Cornelia Thomas

VORBEMERKUNG:

Das vorliegende Wörterbuch ist das Resultat von speziellen lexikalischen Beobachtungen bei der Lektüre und beim Hören von aktuellen spanischen Texten seit Beginn dieses Jahrzehnts. Es handelt sich, nach der Intention der Autoren, bei den Einträgen um idiomatische Wörter und Ausdrücke eines gewissen unteren Sprachstandards, welche in den sprachlichen Alltag des heutigen Spanisch, insbesondere der maßgeblichen Madrid-Variante, eingedrungen sind - und zwar nicht nur auf mündlicher, sondern auch auf schriftlicher Ebene.

Neben den gängigen allgemeinen und Argotwörterbüchern wurden insbesondere konsultiert:

- *Diccionario de la Lengua Española, Real Academia Española (DRAE)*, 1992
- Victor León - *Diccionario de argot español* - Alianza, Ediciones del Prado
- José Ramón Julio Martínez Márquez, Ramoncín - *El tocho cheli* - El Papagayo, Ediciones Temas de Hoy

Darüberhinaus stützt sich dieses *Diccionario idiomático* auf die Texte der folgenden Autoren:

- Camilo José Cela -Romane
- Francisco Umbral - Romane und tägl. Kolumne in *El Mundo*
- Antonio Muñoz Molina - Romane
- Manuel Vázquez Montalbán - *serie Carvalho*
- Juan Madrid -Romane
- Rosa Montero - Romane
- Jaime Campmany - *ABC*
- Raúl del Pozo - *Noche de tahúres*
- Martín Prieto, Kolumne in *El Mundo*
- Antonio Burgos, Kolumne in *El Mundo*

sowie auf die Lektüre u.a. dieser Publikationsorgane:

- *El País*
- *Tribuna*
- *Época*
- *Cambio 16*

und auf Beobachtungen bei den Fernseh- und Radiosendern:

- *Televisión Española (TVE)*
- *Tele 5*
- *Antena 3*
- *Radio Nacional de España (RNE)*
- *Cadena SER*

Es werden also **spanische Stichwörter** und deren aktuelle Gebrauchsvarianten angegeben, nicht aber die sog. "Normbedeutungen" dieser Stichwörter.
Auf der **deutschen Seite** wird der Versuch gemacht - neben einer normsprachlichen Entsprechung - das ungefähre Niveau des Originalstichworts zu treffen:

Die Symbolzeichen
     F. (Familiarismus)
     V. (Vulgarismus)
     G. (Gaunersprache)
     D. (Drogen)
     S. (Sport)
     M. (Militär)

beziehen sich stets auf die inhaltliche Interpretation der spanischen Lemmata.
(Mehrfachnennungen möglich)

                            Manfred Betz

A

abiyar *intr*
  G. -- auftauchen, erscheinen, sich blicken lassen.
abiyelante *adj*
  G. -- knauserig, knickerig; raffgierig.
abiyelar *tr*
  G. -- anschaffen, "organisieren", zusammenraffen.
aboguindi *m*
  F. -- Rechtsanwalt.
aborregarse *pronl*
  F. -- verdummen; sich widerstandslos (ein-)fügen, sich der herrschenden Meinung kritiklos anpassen; ein/zum Herdenmensch werden.
aborto *m*
  F. -- 1. ein sehr häßlicher Mensch -- 2. *Es un aborto* - (er, sie) ist häßlich wie die Nacht.
abrigo *m*
  F. -- *de abrigo* - gefährlich; sehr stark, riesig, beeindruckend.
abrirse *pronl*
  F. -- abhauen, sich aus dem Staub machen, verduften.
abucharar *tr*
  F. -- 1. einschüchtern.
  G. -- 2. loswerden.
abuela *f*
  F. -- *Éramos pocos y parió la abuela* - das hat(te) uns gerade noch gefehlt.
abuelo *m*
  V. -- 1. Schamhaar (auch *agüelo*).
  M. -- 2. Veteran.
acai *m*
  G. -- Auge.
acatus *m*
  G. -- "Kohle", Moneten, Zaster.
aceite *m*
  F. -- 1. *Perder aceite* - schwul sein.
  D. -- 2. ölhaltiges Haschisch.
aceituna *f*
  F. -- *Cambiar el agua a las aceitunas* - pinkeln gehen.
aceituno *m*
  G. -- Angehöriger der Guardia Civil.
acera *f*
  F. -- *Ser de la otra acera/ ser de la acera de enfrente* - schwul sein.
acerera *f*
  F. -- Straßendirne, Bordsteinschwalbe.
acerero *m*

F. -- Stricher, Strichjunge.
achangar *tr*
   G. -- entreißen.
achantar *tr*
   F. -- 1. einschüchtern -- 2. zum Schweigen bringen.
achantarse *pronl*
   F. -- den Schwanz einziehen, die Flatter/Muffensausen bekommen.
achante *m*
   F. -- Feigheit, Schüchternheit, Kleinmut, Verzagtheit.
achares *m/pl*
   F. -- 1. Eifersucht -- 2. *Dar achares* - eifersüchtig machen.
achicharrar *tr*
   F. -- zusammenschießen, über den Haufen schießen.
achuchar *tr*
   F. -- (auf-)hetzen.
achuri *m*
   G. -- (Spring-)Messer.
ácido *m*
   D. -- LSD.
acojonado, -a *adj*
   F. -- 1. eingeschüchtert, feige -- 2. *Estar acojonado* - die Hosen voll haben, Schiß haben.
acojonamiento *m*
   F. -- Einschüchterung, Schiß.
acojonante *adj*
   F. -- 1. angsteinflößend, furchterregend, fürchterlich; erstaunlich, (sehr) beeindruckend -- 2. *Es acojonante* - das ist ein starkes Stück.
acojonar *tr*
   F. -- Angst einjagen, einschüchtern.
acojonarse *pronl*
   F. -- 1. kalte Füße kriegen -- 2. *Se acojonó* - ihm ging der Arsch mit Grundeis.
acojone, acojono *m*
   F. -- Einschüchterung, Schiß.
acoqui *adv*
   G. -- hier.
acordarse de *pronl*
   F. -- 1. beschimpfen, verfluchen -- 2. *Acordarse de alguien* - j-n zum Teufel wünschen.
acrisado, -a *adj*
   G. -- einäugig.
adoquín *m*
   F. -- Dummkopf; Betonschädel.
aduana *f*
   F. -- Hehlerladen.
afanar *tr*
   F. -- klauen.
afgano *m*
   D. -- dunkles Haschisch aus Afghanistan.
aforar *tr*

F. -- 1. blechen, die Zeche zahlen -- 2. *Aforar el níquel* - Alimente zahlen.
afore *m*
   F. -- Lohn, Gehalt.
afufa *f*
   G. -- Flucht, Ausbruch.
afufas *m/sg*
   G. -- Ausbruchsspezialist.
agrabar *tr*
   G.-- entreißen.
agarrada *f*
   F. -- *Tener una agarrada con alguien* - einen großen Krach mit j-m haben.
agarrado, -a *adj*
   F. -- knauserig.
agarrar(la) *tr*
   F. -- 1. sich einen Rausch antrinken -- 2. *Estar bien agarrado* - gute Beziehungen haben.
agavillar *tr*
   G. -- 1. rauben -- 2. (Gelder) unterschlagen.
agilipollado, -a *adj*
   F. -- verdummt, verblödet.
agilipollarse *pronl*
   F. -- verdummen, verblöden.
agonía *f*
   F. -- Habgier.
agonías *m/sg*
   F. -- 1. Pessimist -- 2. Bettler; Quengler -- 3. Knicker, Knauser, Geizkragen.
agua *f*
   G. -- 1. (beim Schmiere stehen) *¡Agua!* - die Bullen! -- 2. *Dar el agua* - warnen vor dem Eintreffen der Polizei.
agüelo *m* (*siehe* **abuelo**)
aguja *f*
   F. -- *Tumbar la aguja* - mit Bleifuß fahren.
ahorcarse *pronl*
   F. -- heiraten.
ahuecar *tr*
   F. -- 1. verschwinden, abhauen, verduften -- 2. *Ahuecar el ala* - eine/die Fliege machen.
ahueque *m*
   F. -- überstürzte Flucht.
ajipedoble *m*
   V. -- Samen, Sperma.
ajo *m*
   F. -- 1. (Hoch-)Stimmung -- 2. *Aquí hay ajo* - hier geht es aber hoch her.
   V. -- 3. Fotze, Möse -- 4. *¡Ajo y agua!* - fick dich ins Knie!
   G. -- 5. Beute -- 6. Geschäft.
   D. -- 7. LSD-Dosis.
ala *f*
   F. -- 1. *Un millón del ala* - eine stolze Million.
   D. -- 2. *Ala de mosca* - minderwertiges Kokain.

alachar *tr*
  G. -- 1. finden, entdecken -- 2. "singen".
alambre *m*
  F. -- 1. Leben -- 2. *Estar en el alambre* - gefährlich leben; im Koma/Sterben liegen.
alangari *m*
  G. -- Begnadigung, Straferlaß.
alares *m/pl*
  G. -- Hosen.
albaida *f*
  V. -- Hoden.
albondiguilla *f*
  F. -- *Hacer albondiguillas* - in der Nase popeln.
alcahué *m*
  F. -- 1. Erdnuß -- 2. Kuppler, Zuhälter.
alcancía *f*
  F. -- 1. Sparbüchse.
  V. -- 2. Fotze.
aldabas *f/pl*
  F. -- Titten.
alemanita *f*
  F. -- Onanie.
alerón *m*
  F. -- Achselhöhle.
algodón *m*
  D. -- Rauschgift, Heroin, Kokain.
algodonero *m*
  D. -- Dealer.
aligerar *tr/intr*
  G. -- 1. "erleichtern", klauen -- 2. abhauen.
aliguerar(se) *intr/pronl*
  G. -- abhauen, verduften.
aliguere *m*
  G. -- Flucht, Ausbruch.
aliguí *m*
  G. -- Betrug; Lüge.
aliquindo *adv*
  F. -- toll, "geil".
aliquindoli *m*
  G. -- Augenzeuge.
aliviadero *m*
  F. -- Bordell.
aliviar *tr/pronl*
  F. -- 1. sexuell befriedigen -- 2. *Aliviarse* - onanieren -- 3. klauen, (be-)stehlen.
alivio *m*
  F. -- "Verkehr", Fick.
almeja *f*

F. -- 1. *Cantar más que una almeja* - überhaupt nicht zusammenpassen; sehr unangenehm auffallen.
V. -- 2. Fotze.
almendra *f*
F. -- 1. Kopf, Birne -- 2. Klitoris.
almirante *m*
F. -- Pförtner, Portier.
alobado, -a *adj*
F. -- bescheuert, beklopft.
alondra *f*
F. -- Maurer.
alpargata *f*
F. -- 1. "lange Zunge" -- 2. *Darle a la alpargata* - quatschen, schwätzen.
alpiste *m*
F. -- 1. Wein und jegliches alkoholische Getränk -- 2. *Le gusta mucho el alpiste* - er säuft wie ein Loch.
alternativa *f*
F. -- Geliebte, "Nebenfrau".
alterne *m*
F. -- *Chica de alterne* - Bar-, Animierdame.
alucinado, -a *adj*
F. -- sehr erstaunt, verblüfft, verdattert.
alucinante *adj*
F. -- erstaunlich, verblüffend, unerhört.
alucinar *intr*
F. -- 1. sehr erstaunt sein -- 2. *Alucinar a cuadros* - seinen Augen nicht trauen, Bauklötze staunen.
alucine *m*
F. -- 1. *¡Es de alucine!* - das ist eine Wucht!, das ist ein Ding!, das ist echt "geil"!, das ist ein Hammer!
D. -- Halluzination.
ama *f*
F. -- "Domina".
amachambrar *tr*
G. -- bewachen, überwachen.
amachambre *m*
G. -- Bewachung, Überwachung.
amadeo *m*
F. -- 5-Peseten (Münze).
amagado, -a *adj*
F. -- 1. schüchtern, ängstlich -- 2. heimlich, versteckt.
amariposado, -a *adj*
F. -- weibisch, weichlich.
amartillar *tr*
F. -- zusammensparen.
amelonado, -a *adj*
F. -- 1. verliebt, verknallt -- 2. verdummt, bescheuert.

amiguete *m*
F. -- (Korruption) Spezi.
amorcillado, -a *adj*
F. -- 1. -- dick, fett -- 2. verblödet.
amordagado, -a *adj*
F. -- besoffen.
amparo *m*
F. -- Rechtsanwalt, Strafverteidiger.
¡amos! *ipv*
F. -- 1. ach was! -- 2. *¡Amos anda!-* ach, geh!, verschone mich damit! -- 3. *¡Amos pira, lavativa!, ¡Amos vete salmonete!* - hau ab!, zieh Leine!
amuelar *tr*
F. -- ärgern, belästigen, (j-m) zusetzen.
amuermado, -a *adj*
F. -- (zu Tode) gelangweilt; deprimiert, entmutigt.
amuermar *tr*
F. -- langweilen; deprimieren, entmutigen.
anajabar *tr*
G. -- abmurksen.
analfabestia *m*
F. -- Analphabet.
ancla *f*
F. -- Hand, "Flosse".
¡anda! *ipv*
F. -- 1. (Befehl) geh! -- 2. (Ärger) verschwinde! -- 3. (Überraschung) nanu! -- 4. *¡Anda ya!* - (Ablehnung, Ungläubigkeit) ach, geh!, hör auf! -- 5. *!Anda, tranquilízate!* - (Beschwichtigung) komm, beruhige dich! -- 6. *!Anda la leche!, ¡Anda la osa!, ¡Anda la puta!* - (Erstaunen) Mensch, so was!, wer hätte das gedacht!, das ist stark! -- 7. *¡Anda, ven!* - (Nachgeben) na, komm! -- 8. *¡Pues anda que tú!* - (Gegenvorwurf) du hast gut reden!
andana *f*
F. -- Kirche.
andanas *m/sg*
F. -- verlotterter, schäbig gekleideter Mann/Kerl.
andoba *m*
F. -- Kerl, "Typ"; Knilch.
anfeta *f*
D. -- Amphetamin(e).
anillo *m*
G. -- 1. After -- 2. *Anillo de cuero* - Arschloch.
antipaisa *m*
F. -- Ausländerfeind, Rassist.
antoligar *tr*
G. -- 1. entführen -- 2. festnehmen -- 3. ausplündern.
antuviada *f*
G. -- Raubüberfall.
apalancar *tr*

F. -- 1. verstecken -- 2. einbrechen.
apalanque *m*
    F. -- sich vorübergehend bei einem Freund einquartieren.
apañado, -a *adj*
    F. -- *Estar apañado* - sich in einer Notlage befinden, in der Zwickmühle sein.
apaño *m*
    F. -- Bratkartoffelverhältnis.
aparador *m*
    F. -- Titten.
apearse *pronl*
    F. -- *Apearse en marcha* - den Beischlaf jäh unterbrechen/(Coitus interruptus).
apencar *intr*
    F. -- schuften.
apiolar *tr*
    G. -- umbringen, abmurksen, ermorden.
aplastado, -a *adj*
    F. -- (stink-)faul.
aplastarse *pronl*
    F. -- 1. faulenzen -- 2. herumlungern.
aplastiñar *tr*
    F. -- langweilen, anöden.
apoquinar *tr*
    F. -- 1. blechen -- 2. *Apoquinar a tocateja* - sofort und bar bezahlen.
apoquine *m*
    F. -- Gehalt, Lohn.
apretar *intr*
    V. -- bumsen.
apretón *m*
    F. -- 1. Durchfall.
    V. -- 2. Fick.
aprovecharse *pronl*
    F. -- eine Gelegenheit nutzen, um eine Frau zu befummeln/betatschen.
arachi *f*
    F./G. -- Nacht.
aragonés *m*
    F. -- 1. *Aragonés de primera clase* - aus Saragossa -- 2. *Aragonés de segunda clase* - aus Huesca -- 3. *Aragonés de tercera clase* - aus Teruel.
arajai *m*
    G. -- Pfaffe.
arales *m/pl*
    G. -- Hosen.
arameo *m*
    F. -- *Jurar en arameo* - schimpfen wie ein Rohrspatz.
araña *m*
    F. -- 1. gieriger Mensch -- 2. hinterlister Mensch -- 3. *Matar la araña* -faulenzen.
    G. -- 4. Hehler.
araquelar *intr*

F. -- quatschen, schwätzen.
arate *m*
   G. -- 1. Blut -- 2. *Tener mal arate* - jähzornig sein; mürrisch sein.
ardilla *f*
   F. -- *Ser una ardilla* - sehr schlau sein.
arma *f*
   V./M. -- 1. *Limpiar el arma* - bumsen -- 2. *Pasar por las armas* - durchvögeln.
armado *adj*
   F. -- 1. mit erigiertem Penis -- 2. *Estar armado* - eine Erektion haben -- 3. *Estar bien armado* - einen großen Penis haben.
armarla *tr*
   F. -- einen großen Krach/Krawall machen.
aro *m*
   G. -- Gesetz.
aros *m/pl*
   G. -- Handschellen.
arpón *m*
   D. -- 1. Nadel -- 2. "Schuß".
arponero *m*
   D. -- Fixer.
arrasear *tr/intr*
   F. -- 1. gewinnen -- 2. siegen.
arrastrada *f*
   F. -- Schlampe.
arrastrado *m*
   F. -- Lump.
arrear *tr*
   F. -- 1. *Arrear una paliza a alguien* - j-n verprügeln -- 2. *Arrear una hostia a alguien* - j-m eine 'runterhauen.
arrecostado, -a *adj*
   F. -- selbstbewußt.
arrejuntarse *pronl*
   F. -- 1. zusammenziehen -- 2. *Estar arrejuntados* - in wilder Ehe leben.
arriba *adv*
   F./G. -- (Anspielung auf das Carabanchel-Gefängnis/Madrid) -- 1. Knast -- 2. *Ir p'arriba* - ins Gefängnis kommen -- 3. *Estar arriba* - (hinter Gittern) "sitzen".
arrimado, -a *adj*
   F. -- über gute Beziehungen verfügend; korrupt.
arrimar *tr*
   V. -- bumsen.
arrimo *m*
   F. -- 1. Liebesverhältnis -- 2. Geliebte(r) -- 3. Bestechung, Korruption.
arrope *m*
   F. -- 1. Eitelkeit, Arroganz.
   V. -- 2. Fick -- 3. Fotze.
arrugado, -a *adj*
   F. -- feige, kleinmütig.

arrugar *tr*
F. -- einschüchtern.
arrugarse *pronl*
F. -- 1. von einem Vertrag zurücktreten -- 2. Schiß kriegen.
artículo *m*
F. -- 1. Lob -- 2. *Hacer el artículo de una cosa* - eine Sache eigennützig loben/empfehlen -
-- 3. *Hacerse el artículo* - sich selbst auf die Schulter klopfen; angeben, prahlen.
asa *f*
F. -- Ohr, "Löffel".
asadura (asaúra) *f*
F. -- 1. Phlegma, Lahmärschigkeit -- 2. *Tiene asadura (asaúra)* - er/sie hat die Ruhe weg.
asar *tr*
F. -- über den Haufen schießen, zusammenschießen.
asfixiado, -a *adj*
F. -- 1. tief verschuldet -- 2. von großen Sorgen erdrückt.
asinar *tr*
G. -- besitzen, haben.
astilla *f*
F. -- 1. (Beamten-)Bestechung.
F./G. -- 2. Beute.
asunto *m*
F. -- die (männlichen oder weiblichen) Genitalien.
atachabar *tr*
G. -- niederstechen; erstechen.
ataque *m*
F. -- *Ataque de cuernos* - Eifersuchtsanfall.
atizado, -a *adj*
F. -- besoffen.
atizar *tr*
F. -- 1. saufen
V. -- 2. bumsen.
atoligar *tr*
G. -- festnehmen, verhaften.
aúpa (de aúpa) *adv*
F. -- 1. *De aúpa* - sehr groß, riesig, enorm -- 2. *Hace un frío de aúpa* - es ist saukalt.
avería *f*
F. -- Ärger; Problem.
aviar *tr*
F./G. -- ermorden, umbringen, abmurksen.
avío *m*
F. -- 1. Liebesverhältnis; Bratkartoffelverhältnis -- 2. Geliebte(r).
avión m
F. -- *Hacer el avión a alguien* - j-n betrügen, hereinlegen.
azotea *f*
F. -- Kopf, "Rübe".
azul *m*
F. -- Angehöriger der *Policía Nacional*, Stadtpolizist.

azulgrana *m*
 S. -- Spieler des CF Barcelona.

B

baba *f*
F. -- 1. Charakter -- 2. *Tener mala baba* - boshaft sein; (sehr) schlecht gelaunt sein.
V. -- 3. Samen, Sperma.
babas *subst/sg*
F. -- Arschkriecher(-in).
baboso *m*
F. -- schleimiger Kerl, widerlicher Mensch, Arschkriecher.
bacalada (bacalá) *f*
F. -- 1. Erbschaft -- 2. Vermögen -- 3. Bestechung.
G. -- 4. Raubüberfall.
bacalao *m*
F. -- 1. *Cortar el bacalao* - das Sagen haben, den Ton angeben, die erste Geige spielen -- 2. *¡Te conozco bacalao (aunque vengas disfrazao)!* - ich habe dich durchschaut!, nicht mit mir!
V. -- 3. Fotze.
D. -- 4. Extasy; Speed.
badanas *m/sg*
F. -- Taugenichts.
bailar *tr*
F./G. -- stehlen, klauen.
bailón, -a *subst*
F. -- 1. tanzlustiger Mensch.
G. -- 2. Dieb(-in).
bailongo *m*
F. -- ganz mieser Schwof.
bajada *f*
V. -- 1. *Bajada al pilón* - Oralverkehr des Mannes mit der Frau, Cunnilingus.
D. -- 2. Stimmungstief; depressive Stimmung, wenn die Wirkung der Drogen nachläßt.
bají *m*
F. -- 1. Charakter; Laune, Stimmung -- 2. *Tener mal bají* - boshaft, mies sein; schlecht gelaunt sein.
bajini *m*
F. -- 1. Geheimnis -- 2. *Por lo bajini (bajinis, bajines)* - heimlich, flüsternd.
balar *intr*
F. -- 1. blöken, meckern.
G. -- 2. aussagen, "singen".
baldeo *m*
G. -- 1. (Spring-)Messer -- 2. *Pegar un baldeo a alguien* - j-m einen Messerstich versetzen.
baldragas *m/sg*
F. -- Feigling, Weichling.
balicho (balichó) *m*
G. -- Schwein; Schinken.
banastero *m*
G. -- Gefängniswärter.

banasto *m*
    G. -- Gefängnis, Knast.
bandear *tr*
    G. -- 1. kontrollieren -- 2. schmeicheln; herumkriegen.
bandera *f*
    F.-- 1. *Estar de bandera* - sehr gut aussehen, sehr schön sein -- 2. *Ser de bandera* - Spitze sein.
    D. -- 3. dicker Joint.
banderilla *f*
    F. -- 1. Appetithäppchen.
    D. -- 2. Spritze.
banderillearse *pronl*
    D. -- sich Heroin spritzen.
bandullero *m*
    F. -- dicker Mensch, Fettsack.
bandullo *m*
    F. -- Bauch, Wanst.
baña *m*
    F. -- Feigling.
bara *f*
    F. -- 1. Rüge -- 2. Mühe, Belastung; Belästigung -- 3. *Dar la bara* - rügen; belästigen.
    G. -- (*m*) 4. Boss, Chef.
baranda *m*
    G. -- Boss, Chef.
barandé *m*
    G. -- Bürgermeister.
barander *m*
    G. -- 1. Richter -- 2. Rechtsanwalt.
barba *f*
    F. -- 1. (Uhr-)Armband; Kette -- 2. Visage -- 3. Frechheit, Unverfrorenheit -- 4. *Dar la barba* - die Stirn bieten -- 5. *Por la barba* - mit Mut, Entschlossenheit -- 6. *Tener mucha barba* - sehr unverschämt sein; sehr tapfer sein.
    G. -- 7. *Hacer la barba a alguien* - j-n festnehmen, verhaften.
barbas *m/sg, f*
    F. -- 1. bärtiger Mann.
    V. -- 2. Fotze.
barbí *adj*
    F. -- sympathisch, nett; aufgeschlossen; ehrlich.
barbó *m*
    G. -- Zuhälter, Louis.
bardaje *m*
    F. -- passiver Homosexueller.
baré *m*
    G. -- Münze; 5-Peseten (-Münze).
bareto *m*
    F. -- Bar.
barra *f*

D. -- Stange gepreßtes Haschisch.
barrila *f*
   F. -- 1. großer Krach, Mordsstreit; Schlägerei -- 2. *Dar la barrila a alguien* - j-n belästigen; j-m auf den Geist gehen, j-m auf den Wecker fallen.
barrilero *m*
   F. -- Querulant, Streitsüchtiger; Raufbold.
basca *f*
   F. -- Menge, Menschenansammlung; Clique.
báscula *f*
   F. -- Hintern, Po.
basta *f*
   G. -- Hand, "Flosse".
baste *m*
   G. -- Finger.
bastea(d)o, -a *adj*
   G. -- erkennungsdienstlich/mit Fingerabdrücken erfaßt.
bastear *tr*
   F. -- betteln.
basura *m*
   F. -- 1. Müllmann -- 2. Bettler.
bata *f*
   G. -- Mutter.
bate *m/f*
   F. -- Pate, Patin.
batería *f*
   F. -- Herz, "Pumpe".
bato *m*
   G. -- Vater.
batuta *f*
   G. -- Brecheisen, Brechstange.
bautista *m*
   F. -- Hausdiener; Privatchauffeur.
beata *f*
   F. -- 1. Betschwester.
   G. -- 2. Pesete.
bebercio *m*
   F. -- Saufen, Sauferei.
bellota *f*
   G. -- Pistolenkugel.
bellotero, -a *adj*
   F. -- aus Extremadura.
bemoles *m/pl*
   F. -- 1. Hoden -- 2. *Tener un par de bemoles* - sehr tapfer sein.
beneficiarse *pronl*
   V. -- *beneficiarse a alguien* - j-n bumsen.
beo *m*
   G. -- 1. Arsch -- 2. Fotze.

berenjena *f*
　F. -- Penis, Schwanz.
beri *m*
　G. -- 1. Gefängnis, Knast, Bau, Loch -- 2. Amtsgericht.
berrear *intr*
　G. -- aussagen, "singen".
berrilla *f*
　G. -- Anzeige; Verrat.
besañí *m*
　G. -- 1. Wächter -- 2. Spitzel, Spion.
besugo *m* u. *adj*
　F. -- Einfaltspinsel, Depp.
beta *f*
　V. -- *Tirar de beta* - bumsen.
beto *m* u. *adj*
　F. -- Einfaltspinsel; einfältig, dämlich.
betunes *m/sg*
　F. -- Schuhputzer.
biblia *f*
　D. -- (Joints) Packung Zigarrettenpapier.
bichear(se) *tr/pronl*
　G. -- 1. Verdacht schöpfen, mißtrauisch werden, argwöhnen -- 2. stehlen, klauen -- 3. betrügen -- 4. deprimieren, entmutigen.
bicheo *m*
　G. -- 1. Verdacht, Mißtrauen, Argwohn -- 2. Diebstahl -- 3. Betrug, Unterschlagung -- 4. Depression, Mutlosigkeit.
bicho *m*
　D. -- 1. LSD.
　M. -- 2. Rekrut.
bidón *m*
　G. -- "grüne Minna".
biela *f*
　F. -- Bein.
biera *f*
　F. -- Bier.
bigote *m*
　F. -- 1. *de bigote* - prima, dufte, Spitze, enorm, riesig -- 2. *Mover (menear) el bigote* - essen.
bigotes *m/sg*
　F. -- 1. Schnurrbartträger.
　V. -- 2. Schamhaare.
bikini *m*
　F. -- warmer Toast mit gekochtem Schinken und Käse.
billetaje *m*
　F. -- Moneten, "Kohle".
birlar *tr*
　F. -- stehlen, stibitzen.

birle *m*
    F. -- Diebstahl.
birlo *m*
    F. -- Dieb.
birloche *m*
    G. -- Betrug.
birlongo *m*
    F. -- unverschämter Kerl.
birmano *m*
    F. -- erotische Massage mit anschließendem Beischlaf.
birra *f*
    F. -- Bier.
biruji *m*
    F. -- 1. Saukälte; eisiger Wind -- 2. Schüttelfrost.
bisa *m*
    F. -- Urgroßvater.
bisabuelo *m*
    M. -- Soldat, der nur noch kurz/drei Monate zu dienen hat.
bisnes (bisni) *m*
    G. -- 1. krummes Geschäft.
    D. -- 2. Drogendeal.
bistec *m*
    F. -- 1. Zunge -- 2. *Achantar el bistec* - seine Zunge im Zaum halten, sich auf die Zunge beißen -- 3. *Darse el bistec* - Zungenküsse austauschen.
bizcocho (bizco) *m* u. *adj*
    F. -- Schieler; schielend.
blanca *f*
    F. -- 1. Geld -- 2. *Estar sin blanca* - "abgebrannt" sein.
    D. -- 3. Koks; Heroin.
blanco *m* u. *adj*
    G. -- 1. Feigling -- 2. nicht vorbestraft.
blanquear *tr*
    F./G. -- (illegales) Geld waschen.
blanqueo *m*
    F./G. -- Geldwäsche.
blanquiazul *m* u. *adj*
    S. -- Spieler des RCD Espanyol Barcelona.
blanquillo *m* u. *adj*
    S. -- Spieler des CF Zaragoza.
blanquiverde *m* u. *adj*
    S. -- Spieler des Betis Sevilla.
blaugrana *m* u. *adj*
    S. -- Spieler des FC Barcelona.
bocana *f*
    F. -- prahlerische Drohung; Großsprecherei, "große Lippe".
bocanas, bocas *m/sg*
    F. -- Maulheld, Angeber.

bocata *m*
   F. -- belegtes Brötchen, Sandwich.
bocazas *m/sg*
   F. -- Maulheld.
boche *m* u. *adj*
   F. -- Folterer; Nazi, Faschist; Ausländerfeind, Rassist.
bochero *m*
   G. -- Wächter.
bodega *f*
   G. -- (Gefängnis) Strafzelle.
bodegas *m/sg*
   F. -- Säufer.
bodi *m*
   F. -- 1. Körper -- 2. dufte Biene, flottes Mädchen -- 3. "Typ", Mensch.
bodorrio *m*
   F. -- 1. Armeleutehochzeit -- 2. aufsehenerregende Hochzeit.
bodrio *m*
   F. -- (Buch, Film, Theater) Schinken (der übelsten Sorte).
bofia *m/f*
   G. -- Rechtsanwalt, -anwältin.
bogui *m/f*
   F. -- Rechtsanwalt, -anwältin.
bola *f*
   F. -- 1. Lüge -- 2. *Bola de billar* - Glatzkopf -- 3. *Estar en bolas* - splitternackt sein.
   V. -- 4. Hoden.
   G. -- 5. Amnestie, Straferlaß -- 6. *Dar la bola a alguien* - j-n auf freien Fuß setzen.
bolamen *m*
   V. -- Hoden.
bolata *m*
   F. -- entlassener Sträfling.
boleta *f*
   F. -- 1. Kündigung -- 2. *Dar la boleta* - kündigen; den Laufpaß geben.
bolinga *m*
   F. -- Säufer, Trunkenbold.
bolo *m*
   F. -- 1. Tolpatsch; Flegel -- 2. Münze, 5-Peseten.
   V. -- 3. Penis, Pimmel.
bollaca *f*
   F. -- Lesbierin, Lesbe.
bollear *intr*
   F. -- lesbischen Sexualverkehr haben.
bolleo *m*
   F. -- lesbische Liebe.
bollera *f*
   F. -- Lesbierin, Lesbe.
bollo *m*
   F. -- 1. lesbische Liebe.

V. -- 2. Fotze.
bombear *tr*
   D. -- Heroin spritzen.
bombo *m*
   F. -- 1. Werbung -- 2. Angabe, Prahlerei -- 3. *Darse bombo* - angeben, prahlen -- 4. (Schwangerschaft) dicker Bauch.
bombón *m*
   F. -- sehr hübsches Mädchen, dufte Biene.
bombona *f*
   F. -- 1. Lunge.
   G. -- 2. Streifenwagen.
bongo *m*
   F. -- kleiner, dicker Mann.
boniato *m*
   F. -- 1. Tausend-Peseten-Schein -- 2. ungeschliffener Mensch, Bauernlümmel.
   V. -- Penis, Schwanz.
boqueras *m/sg*
   F. -- 1. Bettler-- 2. Jammerlappen.
   G. -- 3. Strafvollzugsbeamter.
boquerón *m*
   F. -- 1. aus Málaga -- 2. Bettler; Habenichts.
boqui *m*
   G. -- 1. Strafvollzugsbeamter -- 2. (*f*) Hunger -- 3. (*f*) *Tener boqui* - Hunger leiden.
boquilla *m*
   F. -- 1. Schwätzer -- 2. *De boquilla* - nur zum Schein; nur mit Worten, nur ein /als Lippenbekenntnis.
borja *f*
   G. -- Schlüssel.
borlas *f/pl*
   V. -- Hoden.
borni *m* u. *adj*
   G. -- Einauge, Schieler; einäugig, schielend.
borraja *f*
   F. -- 1. Vergeßlichkeit, Zerstreuung, Nachlässigkeit -- 2. Wahnsinn.
borrajas *adj* u. *subst*
   F. -- 1. vergeßlich, zerstreut, nachlässig -- 2. Spinner, Verrückter.
borrega *f*
   G. -- 1. Münze, 5-Peseten -- 2. Betrug -- 3. *Hacer la borrega a alguien* - j-n betrügen, reinlegen.
borrego *m*
   F. -- 1. "Schaf" -- 2. (verächtlich) Arbeiter, Lohnabhängiger.
borrucho, -a *adj*
   F. -- geil (*siehe auch* **burro** F. -- 1.)
bos *m*
   F. -- Chef, Boß.
botar *tr*
   F. -- rausschmeißen; kündigen.

bote *m*
F. -- 1. Sparbüchse -- 2. Büchse für das Trinkgeld in den Kneipen und Bars -- 3. Trinkgeld für die Kellner -- 4. Bankkonto -- 5. *Darse el bote* - abhauen, verduften -- 6. *Chupar del bote* - schmarotzen, schnorren -- 7. *Tener en el bote a alguien* - j-n erobert/für sich eingenommen haben.
botijo *m*
F. -- 1. dicker, untersetzter Mensch -- 2. Wasserwerfer, Wasserkanone -- 3. kleine Bierflasche.
botinero *m*
G. -- Dieb; Krimineller, Ganove.
boyer *m*
F. -- Voyer, Spanner.
braga *f*
F. -- 1. Schwächling, Weichling; kränklicher Mensch -- 2. *Dejar a alguien en bragas* - j-n wie eine Weihnachtsgans ausnehmen, j-m sein ganzes Geld abnehmen -- 3. *Estar en bragas* - "abgebrannt" sein -- 4. *Estar hecho una braga* - todmüde, kaputt sein -- 5. *Pillar a alguien en bragas* - j-n überraschen, unvorbereitet erwischen; auf frischer Tat ertappen. F./G. -- (*m*) 6. Kumpel, Kollege.
bragazas *m/sg*
F. -- 1. Gehörnter -- 2. Schwächling, Weichling, Waschlappen.
bragueta *f*
F. -- *Oír por la bragueta* - mißverstehen.
braguetazo *m*
F. -- *Dar el braguetazo* -- (als mittelloser Mann) eine reiche Frau heiraten.
braunsugar *f*
D. -- Brown Sugar.
brava *f*
G. -- Brechstange, Brecheisen.
bravo *m*
G. -- aufsässiger Häftling ; Anführer einer Bande im Gefängnis.
brejes *m/pl*
G. -- Alter; Strafdauer; Jahre im Gefängnis.
breva *f*
F. -- 1. Rausch, Suff -- 2. *Coger una breva* - sich besaufen.
brígida *f*
G. -- Informationsbrigade der Guardia Civil.
brija *f*
F. -- Halskette, Armband aus Gold.
brilla *f*
F. -- Modeschmuck.
brillo *m*
F./G. -- Diamant.
brisa *m*
F. -- Körpergeruch; Mundgeruch; Gestank.
brisera *m*
F. -- Mund, Maul.
brisero *m*

V. -- Arsch.
bróder *m*
F. -- Freund, Kollege, Kumpel.
bronca *f*
F. -- 1. Zänkerei, Krach; Rüffel.
G. -- 2. Anzeige; Anklage.
broncata *f*
F. -- Schlägerei.
bronce *m*
F. -- 1. Sonnenbräune -- 2. *Ligar bronce* - sich bräunen; eine gebräunte Haut zur Schau stellen -- 3.Ganove, Krimineller -- 4. *Los del bronce* - Gesindel; Leute aus der Unterwelt.
bruto, -a *adj*
F. -- *Ponerse bruto* - sexuell stark erregt werden.
buar *tr*
G. -- denunzieren, verpfeifen, verraten.
buarse *pronl*
G. -- denunzieren, verpfeifen, verraten.
bucear *intr*
V. --Cunnilingus treiben.
buco *m*
D. -- intravenöse Heroinspritze.
buchantar *tr*
G. -- erschießen; durch Sprengstoff töten.
buchante *m*
G. -- Schuß; Bombenexplosion.
buchantero *m*
G. -- Killer; Terrorist.
buena *f*
F. -- 1. die rechte Hand -- 2. Ehefrau, Gattin.
bufa *f*
V. -- Furz.
bufarse *pronl*
V. -- furzen, einen "fahren" lassen.
buga *m*
G. -- 1. Auto, Wagen -- 2. *Hacerse un buga* - ein Auto stehlen.
bugui *m*
G. -- 1. Auto -- 2. Bordell.
buhardilla *f*
F. -- Kopf, "Rübe".
buitre *m*
F. -- 1. Schnorrer -- 2. Wucherer -- 3. Schmarotzer, der von alleinstehenden reichen Frauen lebt.
D. -- 4. Dealer.
buitrear *intr*
F. -- schmarotzen, schnorren.
buja(rra) *m*
F. -- Homo(-sexueller), Schwuler, Tunte.

bujarrón *m*
F. -- alter Homosexueller, alte Schwuchtel.
buji *f*
G. -- Hemd.
bujío *m*
G. -- Schlupfwinkel, Versteck.
bul *m*
V. -- 1. Arsch -- 2. *¡Que te den por el bul!* - fick dich in den Arsch!, geh zum Teufel!, verpiss' dich!
bultaco, bulto *m*
F. -- männliche Genitalien.
bultra *f*
G. -- Geldbeutel, Brieftasche.
bultrado, -a *subst*
G. -- Taschendieb(-in).
bululú *m*
F. -- (großes) Durcheinander, große Menschenmenge; großer Lärm, Aufruhr.
bullarengue *m*
F. -- (Frau) dicker Hintern.
bullate, bullatis *m*
F. -- Hintern, Arsch.
burda *f*
G. -- 1. Tür -- 2. *Trincar una burda* - eine Tür mit der Brechstange öffnen.
bureo *m*
F. -- 1. *Ir de bureo* - ausgehen, um sich toll zu amüsieren; auf Sauftour gehen -- 2. *Darse un bureo* - einen Spaziergang machen; bummeln gehen.
burlador *m*
G. -- (Karten-) Spieler.
burlanga *m*
G. -- Falschspieler.
burlar *intr*
G. -- 1. würfeln; (Karten) spielen -- 2. falschspielen, mogeln, betrügen.
burle *m*
G. -- 1. Würfelspiel; Kartenspiel -- 2. Mogelei, Betrug.
burna *f*
G. -- 1. Weib -- 2. dufte Biene.
burnó (busnó, buznó) *m*
G. -- Nicht-Zigeuner.
burra *f*
F. -- Fahrrad, Motorrad; Stahlesel, Drahtesel.
burraca *f*
G. -- Hure, Nutte.
burracón *m*
G. -- Zuhälter, Louis.
burrear *tr*
F. -- 1. betrügen, 'reinlegen.
D. -- 2. Rauschgift konsumieren.

burreo *m*
F. -- 1. Spott -- 2. Auspfeifen -- 3. Plünderung -- 4. Mißbrauch, Übergriff -- 5. Betrug.
burro *m*
F. -- 1. *Ponerse burro (borrucho)* - sich sexuell stark erregen.
D. -- 2. Heroin -- 3. *Ponerse de burro* - sich Heroin spritzen -- 4. Dealer.
busca *m*
F. -- Piepser.
buscona *f*
F. -- Dirne, Hure.
busnó *m* (*siehe* **burnó**)
bustaca *f*
D. -- Bustaid (Psychopharmakon mit Amphetaminen).
buten
F. -- *De buten* - prima, dufte, "geil".
butenar *tr*
F. -- übertreffen; besiegen.
butifarra *f*
V. -- 1. Penis, Schwanz -- 2. *Hacer la butifarra a alguien* - j-m den Stinkefinger zeigen.
butrón *m*
G. -- Loch (in einer Wand oder Mauer); Fluchttunnel.
butrona *f*
G. -- Fenster.
buznó *m* (*siehe* **burnó**)
buzo *m*
G. -- Schraubenzieher.
buzón *m*
F. -- 1. großer Mund -- 2. Verbindungsagent bei den Geheimdiensten.

C

ca *f*
F. -- 1. Haus -- 2. *Ca Pedro* - bei Pedro.
cabalgar *intr*
V. -- 1. "bumsen".
D. -- 2. Heroin konsumieren.
caballa *m/f*
F. -- aus Ceuta.
caballear *intr*
D. -- Heroin konsumieren.
caballista *m*
G. -- 1. Häftling, der im Gefängnis über viel Geld verfügt.
D. -- 2. Heroinsüchtiger.
caballo *m*
F. -- 1. Kraft; Ungestüm -- 2. *De caballo* - sehr stark, (Krankheit) sehr schwer -- 3. *Aguantar los caballos* - sich beherrschen.
G. -- 4. *Caballo blanco* - Geldgeber für dunkle Geschäfte.
D. -- 5. Heroin -- 6. *Darle al caballo* - Heroin konsumieren -- 7. *Meterse caballo* - sich Heroin spritzen -- 8. *Ir de caballo* - Junky, heroinsüchtig sein.
cabezón, -ona *subst* u. *adj*
F. -- aus Santander.
cable *m*
F. -- *Cruzársele los cables a alguien* - außer sich geraten; die Kontrolle über sich selbst verlieren.
cabra *f*
F. -- 1. Motorrad -- 2. Spinner, Verrückter -- 3. *Estar como una cabra* - total spinnen.
cabrito *m*
F. -- 1. (starke Beleidigung) Gehörnter -- 2. Schweinehund, Scheißkerl, Schuft.
cabrón *m*
F. -- 1. (starke Beleidigung) Gehörnter -- 2. Schweinehund, Scheißkerl.
cabrona *f*
F. -- Tunte.
cabronada *f*
F. -- Sauerei, Hundsgemeinheit.
cabroncete *m*
F. -- gemeiner und feiger Mann.
caca *f*
F. -- 1. "Kacke", "Mist" -- 2. Lüge -- 3. *¡Caca de la vaca!* - alles Lügen! Alles Mist!
cacao *m*
F. -- 1. Durcheinander, Wirrwarr; Verwirrung -- 2. *Cacao mental* - verworrene Gedanken.
cacarelo *m*
G. -- Hahn, Gockel.
cacatúa *f*
F. -- häßliche und geschwätzige Frau.
cacero, -a *subst*

G. -- Bettler(-in).
cacha *f*
F. -- Schenkel, Bein.
cacharra *f*
F. -- 1. *Las cacharras* - die Titten.
G. -- 2. Schießeisen, Knarre; Flinte mit abgesägtem Lauf.
cacharrazo *m*
F. -- Fall, Sturz.
cacharrería *f*
F. -- männliche Genitalien.
cacharro *m*
F. -- 1. Gerät; altes Zeug, Kram -- 2. unartiges Kind.
G. -- 3. Schießeisen, Knarre.
cachas *m*
F. -- ein gut aussehender Mann; ein starker Bursche.
cacho *m*
V. -- 1. Penis, Schwanz.
G. -- 2. Strafsache.
cachondada *f*
F. -- Scherz; Foppen.
cachondearse *pronl*
F. -- *Cachondearse de alguien* - sich über j-n lustig machen, j-n auf den Arm nehmen, j-n aufziehen/veräppeln.
cachondeo *m*
F. -- Foppen, Spaß; unseriöses Benehmen.
cachondez *f*
F. -- Geilheit.
cachondo, -a *adj*
F. -- 1. geil -- 2. lustig -- 3. *Cachondo mental* - Spaßvogel; vom Sex besessen.
cadena *f*
F. -- Ehe.
cadenas *m/sg*
F. -- eingebildeter Kerl; Geck, Gockel.
cadenero *m*
G. -- Zuhälter, Louis.
caderamen *m*
F. -- die Hüften einer Frau.
café *m*
F. -- 1. *Mal café* - schlechte Laune; mieser Charakter, Boshaftigkeit.
V. -- 2. *Café con leche* -- Schwuler; Analkoitus mit anschließendem Oralverkehr.
cafetera *f*
F. -- klappriges Auto, alte "Mühle".
cafisio *m*
G. -- Zuhälter, Louis.
cagada *f*
F. -- 1. Fehler; Pfuscharbeit; Scheiße.
G. -- 2. gescheiterter Einbruch.

cagadero *m*
F. -- Klo, "Lokus", Latrine.
cagado, -a *adj*
F. -- 1. feige -- 2. *Estar cagado* - große Angst haben.
cagalera *f*
F. -- 1. Durchfall -- 2. große Angst, Schiß.
cagaostias *m/sg*
F. -- ängstlicher Mensch, Angsthase.
cagapoquito *m*
F. -- schüchterner, kleinlauter Mensch.
cagar *tr*
F. -- *¡La hemos cagado!* - da haben wir Mist gebaut!
cagarse *pronl*
F. -- 1. scheißen -- 2. *¡Me cago en diez! ¡Me cago en la puta!* - Scheiße! Verflucht nochmal! - 3. *¡Cágate!* - da staunst du Bauklötze!, da bist du aber baff! - 4. *Que te cagas* - atemberaubend, toll, stark, "geil" -- 5. *Es una película que te cagas* - das ist ein toller Film -- 6. *¡Pa(ra) cagarse!* - da könnte man aus der Haut fahren, man könnte sich in den Hintern beißen! -- 8. *Pillar cagando* - unvorbereitet erwischen, überraschen, überrumpeln -- 9. *¡Vete a cagar!* - verpiss' dich!
cagatintas *m/sg*
F. -- Bürohengst.
cagódromo *m*
F. -- "Lokus", Klo.
cáguense *m*
F. -- *¡Esto es el cáguense!* - das ist die Höhe!
cagueta (cagueto) *m*
F. -- Feigling.
caguetis *f*
F. -- Angst, Schiß.
caimán *m*
G. -- Verkehrspolizist der Guardia Civil.
caja *f*
F. -- 1. *La caja tonta* - die "Glotze".
G. -- 2. Brustkorb.
cala *f*
G. -- Pesete.
calada (calá) *f*
F./D. -- (Zigarette, Joint) Zug.
calandria *f*
F. -- 1. Tunte -- 2. Drückeberger, Simulant.
G. - 3. Pesete.
calar *tr*
F. -- durchschauen.
calca *f*
G. -- Fingerabdruck.
calcetín *m*
F. -- "Gummi", "Pariser".

calco *m*
    G. -- Schuh.
calcuna *f*
    G. -- Stiefel.
caldo *m*
    F. -- 1. Wein -- 2. *Cambiar el caldo a los garbanzos* - pinkeln -- 3. *Estar a caldo* - "abgebrannt" sein -- 4. *Poner a caldo a alguien* - j-n zur Sau machen.
    G. - 5. Benzin.
calé *m*
    F. -- Zigeuner.
calentar *tr*
    F. -- geil machen, "scharf" machen.
calentón *m*
    F. - Geilheit, sexuelle Erregung.
calentorro, -a *adj*
    F. -- geil, "scharf".
calentura *f*
    F.-- Geilheit; sexuelle Erregung.
calicatas *f/pl*
    F. -- 1. Arsch, Popo -- 2. *Irse por las calicatas* - Dünnschiß haben.
calicatre *m*
    F. -- Fick.
calientabraguetas *f/sg*
    F. -- Scharfmacherin, Aufgeilerin.
calientapichas *f/sg*
    F. -- Scharfmacherin, Aufgeilerin.
calientapollas *f/sg*
    F. -- Scharfmacherin, Aufgeilerin.
caliente *adj*
    F. -- geil.
    G. - Verbrecher, Krimineller.
californiano *m*
    D. -- Sorte LSD.
calimocho *m*
    F. -- Mischung aus Cola , Bier und Rotwein.
caliqueño *m*
    F. -- 1. billige Zigarre -- 2. Fick -- 3. *Echar un caliqueño* - "bumsen".
calixto *m*
    G. -- Zigeuner.
calmante *m*
    F.-- Fick.
caló *m*
    F. -- Zigeunersprache.
calorrada *f*
    F. -- Zigeunersippe.
calorri *m*
    F. -- Zigeuner.

calostro *m*
   V. -- Sperma.
calquear *intr*
   F. -- laufen, wandern.
calquería *f*
   F. -- Schuhgeschäft.
calquero *m*
   F. -- Schuster.
calvo *m*
   V. -- Penis, Schwanz.
calzar *tr*
   V. -- 1. penetrieren -- 2.*Calzarse a alguien* - j-n bumsen.
calzo *m*
   V.-- Penis, Schwanz.
calzonazos *m/sg*
   F. -- Waschlappen.
calle *f*
   F. -- *Hacer la calle* - auf den Strich gehen.
callo *m*
   F. -- 1. häßliche Frau -- 2. *Dar el callo* - schuften.
camareta *m*
   F. -- Kellner.
camaruta *f*
   F. -- Bardame, Animierdame.
cambri (cambrí) *m*
   F. -- Schwangerschaft.
camelar *tr*
   F. -- erobern; für sich einnehmen, verliebt machen; umschmeicheln.
camelancia *f*
   F. -- Betrug, Täuschung.
camelo *m*
   F. -- Betrug, Täuschung.
camellear (con) *intr*
   D. -- Rauschgift verkaufen, dealen.
camellero, camello *m*
   D. -- Dealer.
camión *m*
   F. -- *Estar como un camión* - sehr gut aussehen, sehr attraktiv sein; (Frau) supersexy sein.
camisa *f*
   D. -- kleine Tüte mit Heroin; Heroindosis.
camocha *f*
   F. -- Kopf, Birne, Rübe.
campana *f*
   F. -- *Tocar la campana* - masturbieren, sich einen 'runterholen.
campanear *intr*
   F. -- spazierengehen, flanieren.
campeonato *m*

F. -- *De campeonato* - toll, phantastisch, sensationell.
campiri *m*
   G. -- Feld, Acker.
campuzo *m*
   F. -- (despekt.) Bauer.
canario *m*
   F. -- 1. Penis, Schwanz -- 2. Taxi in Barcelona.
canarión, -ona *adj* u. *subst*
   F. -- aus Gran Canaria.
canco *m*
   F. -- Homo(-sexueller), Schwuler.
cancha *f*
   F. -- 1. Chance, Gelegenheit -- 2. *Dar cancha* - eine Chance geben; tolerant sein.
candela *f*
   F. -- 1. Geld, "Kohle", -- 2. Streichholz, Feuer(-zeug).
candil *m*
   F. -- Geld, "Moneten", Zaster.
candonga *f*
   F. -- Nutte.
cané *m*
   G. -- 1. Tracht Prügel -- 2. Angeberei -- 3. *Tirarse el cané* - angeben -- 4. Lüge, faule Ausrede -- 5. Simulant; Eidbrüchiger, Verräter.
canear *tr*
   F. -- verprügeln, zusammenschlagen.
canelo *m*
   F. -- 1. Einfaltspinsel, Depp, Idiot -- 2. *Hacer el canelo* - sich wie ein Idiot benehmen; sich 'reinlegen lassen.
cangrí *m*
   G. -- 1. Kirche -- 2. Gefängnis, Knast.
cangrilero *m*
   G. -- Kirchendieb.
canguelo *m*
   F. -- Angst, Schiß.
canguís *m*
   G. -- Angst, Schiß.
canguro *m*
   F. -- 1. Babysitter.
   G. -- 2. "grüne Minna".
canica *f*
   F. -- 1. alter Mensch, "altes Haus" -- 2. Knabenhoden.
canilla *f*
   F. -- dünnes Bein.
cansino, -a *adj*
   F. -- müde; ermüdend; langweilig.
cantada (cantá) *f*
   F. -- 1. Fehler, Schnitzer.
   G. -- 2. Aussage; Denunziation.

cantar *intr*
   F. -- 1. übel riechen, stinken -- 2. *Cantar zarzuela* - rülpsen.
   G. -- 3. "auspacken", "singen", verraten.
cantarra *m*
   G. -- Denunziant, Verräter.
cante *m*
   F. -- 1. Krach; Rüge -- 2. *Dar el cante* - Krach schlagen.
   G. -- 3. Geständnis -- 4. Denunziation, Verrat -- 5. Tip.
cantidubi *adv*
   F. -- sehr viel.
canutas *pl*
   F. -- *Pasarlas canutas* - übel dran sein, in der Zwickmühle sitzen.
canutazo *m*
   G. -- Telefonanruf.
canutero, -a *subst*
   D. -- Kiffer(-in).
canuto *m*
   G. -- 1. Telefon.
   D. -- 2. Joint.
caña *f*
   F. -- 1. (kleines) Glas Bier -- 2. Geschwindigkeit -- 3. *Dar caña* - auf das Gaspedal treten, auf die Tube drücken -- 4. *Dar caña a alguien* - j-n anschnauzen, (mit Schimpfworten) fertigmachen.
cañamón *m*
   D. -- Hasch; Marihuana.
cañería *f*
   D. -- Vene.
cañón, -ona *subst* u. *adj/adv*
   F. -- toll, dufte, sensationell.
capirulo *m*
   M. -- Hauptmann.
capiscar *tr*
   F. -- verstehen, kapieren.
capitán *m*
   F. -- *Capitán araña (que embarca a la gente y él se queda en tierra)* - j-d, der andere zu gewagten Handlungen animiert, während er sich abseits hält.
capo *m*
   G. -- Hauptmann der Guardia Civil.
capullada *f*
   F. -- Dummheit, Blödsinn.
capullo *m*
   F. -- 1. Vorhaut -- 2. Blödmann.
caqui *m*
   M. -- 1. Uniform -- 2. *Marcar el caqui* - beim Militär dienen.
cara *f/m*
   F. -- 1. Unverschämtheit, Unverfrorenheit, Dreistigkeit -- 2. *Cara de cemento (armado)* - bodenlose Unverschämtheit -- 3. *Ser un cara* - ein unverschämter Kerl, ein frecher Hund

sein -- 4. *Tener mucha cara* - bodenlos unverschämt, sehr dreist sein -- 5. *Tener más cara que un buey con paperas (flemones)* - von einer bodenlosen Unverschämtheit, völlig unverfroren sein -- 6. *Por la (bella) cara* - umsonst, gratis -- 7. *Romperle la cara a alguien* - j-m die Fresse polieren.
caracol m
F. -- 1. sexuelles "Neutrum" -- 2. Gehörnter; Waschlappen.
carajillo m
F. -- 1. schwarzer Kaffee mit einem Schuß Schnaps -- 2. Onanie, Wichsen.
carajo m
F. -- 1. *¡Carajo!* - verflucht nochmal! -- 2. *¡Al carajo!* - zum Teufel!, zur Hölle! -- 3. *¡Vete al carajo!* - verpiss' dich! -- 4. *En el quinto carajo* - sehr weit, sehr fern -- 5. *Irse al carajo* - scheitern, kaputtgehen -- 6. *Mandar al carajo a alguien* - j-n zum Teufel schicken -- 7. *¡Manda carajo (a La Habana)!* - das ist die Höhe!, das ist ein starkes Stück! -- 8. *¡Qué carajo!* - und sonst noch was?
V. -- 9. Penis, Schwanz -- 10. *¡Me importa un carajo!* - das geht mich überhaupt nichts an!, ich scheiße darauf!, du kannst mich mal! -- 11. *¡Un carajo!* - hier! leck mich am Arsch!
caramelo m
F. -- 1. lukratives Geschäft -- 2. *A punto de caramelo* - fertig (zum Essen, zum Benutzen, zum Genießen).
D. -- 3. Stück gepreßtes Haschisch.
caramillo m
F. -- 1. Ärger, Verärgerung, Krach -- 2. *Montar un caramillo* - Ärger machen, Lärm schlagen.
carapijo m
F. -- Arsch mit Ohren, Depp.
carbón m
F. -- *¡Se acabó el carbón!* - aus! Schluß!
carburar intr
F. -- 1. denken, nachdenken -- 2. *No carburar* - "spinnen".
carburata f/m
F. -- 1. Hirn, Gehirn -- 2. Intellektueller, Philosoph, Weiser.
carca m
F. -- Reaktionär; Erzkonservativer.
cardíaco, -a adj
F. -- 1. arbeitsbesessen -- 2. geil, sexbesessen.
D. -- 3. *Ponerse cardíaco* - sich mit Rauschgift vollstopfen.
cardo m
F. -- 1. "Besen"; häßliche Frau -- 2. *Cardo borriquero* - Kratzbürste.
careto m
G. -- Gesicht; Fratze, Fresse.
cargarse pronl
F. -- 1. umbringen, abmurksen, kaputtmachen -- 2. "bumsen" -- 3. (Prüfung) durchfallen lassen.
carli m (siehe **charli**)
carnaza f
G. -- Gesindel, Pöbel; Galgenvogel.

carne *f*
   F. -- 1. *Enseñar carne* - strippen -- 2. *Cine de carne* - Pornokino -- 3. *Tener menos carne que una bicicleta* - spindeldürr (sein).

carota *m*
   F. -- unverschämter, unverfrorener, dreister Kerl.

carpanta *m*
   F. -- (in Comics) *Ser un carpanta* - am Hungertuch nagen.

carraca *f*
   F. -- 1. Klapper, Schnarre -- 2. Kehle -- 3. *Dar la carraca* - singen.

Carracuca *m*
   F. -- 1. (erfundene Person zur Bildung herabsetzender Vergleiche) *Más feo que Carracuca* - häßlicher als die finstere Nacht -- 2. *Más tonto que Carracuca* - saudumm -- 3. *Más viejo que Carracuca* - uralt.

carrera *f*
   F. -- 1. Taxifahrt -- 2. *Hacer la carrera* - auf den Strich gehen.

carrilano *m*
   F. -- Herumstreicher, Penner; Vagabund.

carrocear *intr*
   F. -- sich wie ein alter Mann verhalten.

carrocería *f*
   F. -- Aussehen, Typ.

carroza *m*
   F. -- älterer, altmodischer Mann.

carrozón *m*
   F. -- gutaussehender, netter und vermögender älterer Mann.

carta *f*
   F. -- *No saber a qué carta quedarse* - nicht wissen, woran man ist.

cartón *m*
   F. -- 1. (Zigaretten-)Stange -- 2. Schädel -- 3. *Verse el cartón* - kahl werden.
   G. -- 4. Gutschein (für Geld) im Gefängnis.

cartucho *m*
   D. -- gepanschtes Heroin.

cartulaje *m*
   F. -- Spiel Karten.

casaderas *f/pl*
   G. -- Handschellen.

cascabeles *m/pl*
   F. -- Hoden.

cascado, -a *adj*
   F. -- gebrechlich; zermürbt; verlebt.

cáscara *f*
   F. -- 1. *No haber más cáscaras* - es bleibt nichts anderes übrig -- 2. *Ser de la cáscara amarga* - homosexuell sein.

cascar(las) *intr*
   F. -- abkratzen.

cascársela *pronl*
   V. -- onanieren, wichsen.

casete *m*
   F. -- 1. die alte Leier -- 2. *Poner el casete* - die eigenen Probleme herunterleiern; ein Geständnis ablegen, "singen".
   D. -- 3. Stück Haschisch.
casorio *m*
   F. -- 1. Mißheirat -- 2. übereilte Heirat -- 3. (bei Prominenten) pompöse Hochzeit.
casquete *m*
   F. -- 1. Fick -- 2. *Echar un casquete* - "bumsen".
casta *m*
   F. -- 1. urwüchsiger Mensch, Urtyp.
   G. -- 2. vertrauenswürdiger Mensch.
castaña *f*
   F. -- 1. Ohrfeige; Faustschlag -- 2. (Film) Schinken -- 3. (Alter) Jahr -- 4. *Tiene 60 castañas* - er/sie ist 60 Jahre alt -- 5. Rausch -- 6. *Tener una castaña* - stockbesoffen sein -- 7. *¡Toma castaña!* - da hast du es! -- 8. Möse.
Castellón
   F. -- *Ser de Castellón de la Plana* - einen flachen Busen haben.
casto *m*
   G. -- Gefängnis; Zelle; "Bau", "Loch".
castorro *m*
   D. -- Heroin.
catalina *f*
   F. -- Scheiße.
catalino, -a *adj*
   F. -- aus Katalonien.
cataplín *m*
   F. -- 1. Hoden -- 2. *¡No me sale de los cataplines!* - ich habe null/keinen Bock drauf!
catar *tr*
   F. -- bumsen.
catre *m*
   F. -- *Llevarse al catre* - (Frau) flachlegen.
caucho *m*
   F. -- *Quemar caucho* - sehr schnell fahren.
cavilosa *f*
   F. -- Kopf.
cazo *m*
   F. -- 1. *Meter el cazo* - ins Fettnäpfchen treten -- 2. *Poner el cazo* - sich bestechen lassen.
   G. -- 3. Zuhälter.
cebolla *f*
   F. -- Kopf.
cebollazo *m*
   F. -- Stoß mit dem Kopf oder Schlag auf den Kopf.
cebolleta *f*
   V. -- Penis, Pimmel.
cebollo *m*
   F. -- Dummkopf.
cebollón *m*

D. -- Rausch.
ceguera *f*
    D. -- Rausch.
cenacho, -a *adj*
    F. -- dreckig, schmutzig.
céntimo *m*
    F. -- *Estar sin un céntimo* - in den Miesen stehen.
cepero *m*
    F. -- Wein.
cepillar *tr*
    F. -- 1. schmeicheln -- 2. (Spiel) "ausnehmen" -- 3. (Prüfung) durchfallen lassen.
    G. -- 4. töten, umbringen, "umnieten".
cepillarse a alguien *pronl*
    V. -- j-n. bumsen.
cera *f*
    F. -- Geld, "Kohle", "Moneten", "Zaster".
cerapio *m*
    F. -- Null.
cerero *m*
    F. -- Faulenzer.
cerilla *f/m*
    F. -- 1. Lüge; Betrug -- 2. Brandstifter.
cero (für **el 091**) *m*
    G. -- Streifenwagen.
cerote *m*
    F. -- Angst, Schiß.
cerrojo *m*
    F. -- Dummkopf, Idiot.
cerrona *f*
    G. -- Schlüssel.
cesta *f*
    F. -- 1. Hindernis, Belastung -- 2. lästiger Mensch.
chabola *f*
    F. - elende Hütte.
chabolata *m*
    G. -- Obdachloser.
chabolo *m*
    F. -- 1. elende Hütte.
    G. -- 2. Gefängniszelle; Kerker; "Bau", "Loch".
chaborro *m*
    F. -- Junge, Bursche.
chachai *m*
    F. -- Busen, Brust; Titte.
chache *m*
    F. -- *El chache* - ich.
chachi(pén) *adj*
    F. -- toll, dufte, prima, stark, "geil"; gut aussehend.

chai *f*
G. -- 1. junge, gutaussehende Nutte -- 2. blutjunges scharfes Mädchen.
chaira *f*
G. -- (Spring-)Messer.
chalar(se) *intr/pronl*
G. -- ausbrechen; abhauen, fliehen.
chalarse *pronl*
F. -- verrückt werden.
chaleco *m*
F. -- Prostituierte, Hure.
chaleta *m*
F. -- Verrückter, Wahnsinniger.
chaletero, -a *subst*
F. -- Psychiater(-in), Psychologe/-in.
chalupa *m*
F. -- 1. Verrückter, Wahnsinniger -- 2. liebestoller Mensch.
chaluta *f*
F. -- Einfamilienhaus (außerhalb der Stadt).
chamullar *tr*
F. -- 1. quatschen, schwätzen -- 2. unverständlich sprechen -- 3. eine Femdsprache radebrechen.
chanador, -a *adj* u. *subst*
G. -- 1. bewandert, erfahren -- 2. Rundfunksprecher(-in).
chanar *tr*
G. -- verstehen, kapieren; wissen.
chance *f*
G. -- (Häftling) Urlaub.
chancra *f*
F. -- Fest, Rummel.
chanchón *m*
G. -- falsche Aussage.
chanelar *tr*
G. -- verstehen, kapieren; wissen.
chanchi *adj*
F. -- toll, dufte, prima, "geil".
changado, -a *adj*
G. -- verdorben, kaputt; gebrechlich; vergreist; veraltet.
changar *tr*
G. -- 1. kaputtmachen, zerstören -- 2. lügen; betrügen.
changarse *pronl*
G. -- 1. kaputtgehen -- 2. alt werden -- 3. krank werden.
chapa *f*
F. -- 1. Geld, "Kohle" -- 2. *Estar sin chapa* - "abgebrannt" sein, keinen Pfennig besitzen.
G. -- 3. (*m*)Polizist, Bulle -- 4. Analverkehr -- 5. *Hacer chapas* - die homosexuelle Prostitution ausüben.
chapano *m*
G. -- Strafzelle.

chapar *tr*
　G. -- einsperren, "einlochen".
chapear *intr/tr*
　G. -- bumsen; arschficken.
chapero *m*
　G. -- 1. Bulle -- 2. Strichjunge.
chapiri *m*
　F. -- Hut.
chapirón *m*
　F. -- Mensch mit gefärbtem Haar.
¡chapó! *exlam*
　F. -- Hut ab!, Respekt!
charda *f*
　G. -- 1. Jahrmarkt, Messe -- 2. Gaudi, Rummel.
charero (-a) *m/f*
　F. -- Kellner(-in); Diener (Dienstmädchen).
charga *f*
　G. -- Jahrmarkt, Volksfest.
charli (carli) *m*
　G. -- 5000-Peseten-Schein.
charlotear *intr*
　F. -- plaudern, schwätzen.
charnego *m*
　F. -- (in Katalonien) Einwanderer aus den ärmeren Regionen Spaniens.
charniego *m*
　G. -- Handschellen.
charo *m*
　F. -- Teller, Schüssel.
charol *m*
　F. -- Schwarzafrikaner.
charrar *intr*
　F. -- plaudern.
charro, -a *adj u. subst*
　F. -- aus Salamanca.
chasca *f*
　G. -- Feuer; Lagerfeuer.
chasco *m*
　F. -- 1. Reinfall -- 2. *¡Pa(ra) chasco!* - das hätte (gerade) noch gefehlt!
chasis *m*
　F. -- 1. Skelett -- 2. *Quedarse en el chasis* - nur noch ein Gerippe sein.
chata *f*
　F. -- 1. Tod.
　G. -- 2. Pistole -- 3. Flinte mit abgesägtem Lauf.
chatarra *f*
　F. -- 1. Schrott -- 2. Kleingeld, Münzen -- 3. Orden, Medaillen, "Lametta".
　G. -- 4. jede Art Feuerwaffe.
chava *m*

F. -- Kind; Junge.
chavea *m*
   F. -- Jüngling.
chaveta *adj*
   F. -- verrückt.
chavo *m*
   F. -- *Estar sin un chavo* - "abgebrannt" sein, keinen Pfennig mehr besitzen.
chavó (chavá) *m*
   G. -- Junge, Bursche.
cheira *f*
   F. -- Springmesser.
cheli *m*
   F. -- 1. Kumpel, Kollege -- 2. Umgangssprache der jungen Madrider -- 3. Bewohner der ärmeren Madrider Stadtviertel.
chepas *m/sg*
   F. -- Buckliger.
chévere *adj*
   F. -- chic, elegant, hübsch; toll, "geil".
chicharra *f*
   G. -- 1. Gewehr, "Knarre".
   D. -- 2. (Joint) Kippe.
chicharro, -a *adj u. subst*
   F. -- aus Teneriffa.
chichera *f*
   F. -- Metzgerei.
chichi *m*
   F. -- Möse.
chichinabo *m*
   F. -- Lappalie; "Schmarren", Krampf.
chicle *m*
   D. -- Haschischsorte.
chicuelina *f*
   F. -- Rausch.
chilachón *m*
   F. -- zynischer Mensch; Lügner.
chimenea *f*
   F. -- Kopf.
china *f*
   D. -- kleine Dose Haschisch.
chinar *tr*
   G. -- 1. erdolchen, erstechen; j-m das Gesicht mit einem Messer zerschneiden -- 2. abgrundtief hassen.
chinarse *pronl*
   G. -- Selbstmord begehen.
chinazo *m*
   G. -- 1. Schnitt-, Stichwunde im Gesicht -- 2. Selbstmord, indem man sich die Pulsadern aufschneidet.

chindar *tr*
G. -- loswerden; wegwerfen.
chingada *f*
G. -- Nutte.
chingado, -a *adj*
F. -- kaputt; lästig.
chingar *tr/intr*
F. -- 1. kaputtgehen.
V. -- 2. bumsen -- 3. lästig sein, auf die "Eier" gehen.
chingara *f*
F. -- Streit, Zank.
chini *f*
G. -- Pistole, Revolver; Schießeisen.
chino *m*
F. -- 1. Maoist -- 2. *Los chinos* - Glücksspiel mit bis zu drei in der Faust versteckten Münzen.
G. -- 3. scharfe Rasierklinge (mit der Brieftaschen gestohlen werden).
D. -- 4. *Hacer un chino* - aus einem erhitzten Löffel (oder Alufolie) Heroin inhalieren.
chinorri *m*
G. -- Kind, "Kid".
chinorro *m*
D. -- 10 g Haschisch.
chinostra *f*
F. -- Kopf, "Rübe", "Birne".
chip *m*
F. -- *Cambiar el chip* - umdenken, sich umstellen.
chipé, chipén, chipendi *adj*
F. -- fein, prima, toll, "geil", Spitze.
chipichusca *f*
F. -- Hure, Nutte.
chiquero *m*
G. -- Gefängnis, "Bau", "Loch".
chiri *m*
D. -- Joint.
chiribiqui *m*
F. -- Möse.
chirimbiqui *m*
F. -- Würfelspiel.
chirimbolo *m*
D. -- Joint.
chiringuito *m*
F. -- Imbißkiosk am Strand.
chirla *f*
F. -- 1. Möse.
G. -- 2. (Spring-)Messer.
chirlá *f*
F. -- Schlag; Ohrfeige.

chirlar *tr*
   F. -- stechen; mit einem Messer überfallen.
chirlata *f*
   G. -- Nutte.
chirlero *m*
   G. -- Messerstecher; mit einem Messer bewaffneter Räuber.
chirlo *m*
   F./G. -- 1. Narbe aus einem Messerstich im Gesicht.
   G. -- 2. Messerstich.
chirona f
   F. -- Gefängnis, "Bau", "Loch".
chirri *m*
   D. -- Joint.
chirumen *m*
   F. -- 1. Kopf, "Köpfchen" -- 2. Verstand, Intelligenz, Grips.
chisme *m*
   F. -- 1. männliche oder weibliche Geschlechtsteile -- 2. Alkoholgenuß.
chispa *f*
   F. -- 1. Rausch, Suff -- 2. Lüge; Betrug.
chispas *m/sg*
   F. --Elektriker.
chispazo *m*
   F. -- 1. ein kleiner Schluck Schnaps -- 2. erotische Anziehung auf den ersten Blick.
chiva *f*
   F. -- 1. sehr männlich aussehender Schwuler (mit Bart oder Schnurrbart) -- Verrückte(r) --
   3. *Estar como una chiva* - total verrückt sein.
   G. -- 4. (*m*) Denunziant, Spitzel, Verräter.
chivarse *pronl*
   F./G. -- verpetzen, verpfeifen, denunzieren; "auspacken".
chivata *f*
   G. -- 1. Taschenlampe -- 2. Füllfederhalter.
chivato *m*
   F. -- 1. (Taxi) Leuchtschild.
   G. -- 2. Denunziant, Spitzel, Verräter -- 3. (Zelle) Guckloch -- 4. Alarmanlage.
chiveta *m*
   D. -- berauscht, im Rauschzustand.
chivo *m*
   F. -- 1. elektrischer Türöffner.
   V. -- 2. Fotze, Möse -- 3. *Rascarse el chivo* - untätig dastehen oder dasitzen.
chocarlas *tr*
   F. -- 1. Hände schütteln (als Zeichen des Einverstandenseins) -- 2. *¡Chócala!* - schlag ein!,
   Hand drauf!
choco (chocolate) *m*
   D. -- Haschisch.
chocolatero *m*
   D. -- Haschischdealer.
chochá *f*

V. -- Fotze, Möse.
chochete, chochín, chochito *m*
　F. -- 1. Geschlechtsteil eines jungen Mädchens -- 2. (zärtlich) weibliches Geschlechtsteil -- 3. junges, unerfahrenes Mädchen.
chocho *m*
　V. -- 1. Fotze, Möse -- 2. *No me sale del chocho* - (Frauen) ich habe gar keine Lust dazu, ich habe null/keinen Bock darauf.
chochona *f*
　F. -- Tunte.
chocholoco *m*
　F. -- geile Frau.
chochotriste *m*
　F. -- 1. spröde, zugeknöpfte, frigide Frau -- 2. Betschwester.
chofero *m*
　F. -- Taxifahrer.
chola *f*
　F. -- 1. Kopf -- 2. *Estar mal de la chola* - "spinnen".
choli *m*
　G. -- (Spring-) Messer.
chollo *m*
　F. -- 1. günstige Gelegenheit, Gelegenheitskauf.
　G. -- 2. Schwein, Ferkel.
chopano *m*
　G. -- 1. Strafzelle -- 2. Haus -- 3. (*adj*) bettelarm, elend.
chopo *m*
　M. -- Gewehr, Knarre.
chorar *tr*
　G. -- klauen, stehlen.
chorba *f*
　F. -- Mädchen; Freundin; "Biene".
chorbo *m*
　F. -- junger Kerl; Freund.
chorchi *m*
　M. -- Rekrut, Soldat.
chori *m*
　G. -- Dieb.
chorizar *tr*
　G. -- klauen, stehlen.
chorizo *m*
　G. -- Dieb; Ganove, Krimineller.
chorlito *m*
　F. -- "Freier".
choro *m*
　G. -- (Taschen-) Dieb.
chorra *f*
　F. -- 1. Glück, "Schwein" -- 2. *Tener chorra* - Schwein haben -- 3. (*m*) Blödmann, Depp -- 4. (*m*) *Hacer el chorra* - sich wie ein Trottel benehmen.

V. -- 5. Penis, Schwanz -- 6. ¡Tonto (de) la chorra! - Arschloch.
chorrada
F. -- 1. blödes Zeug, Unsinn, Quatsch -- 2. Kleinigkeit, Lappalie.
chorrear *tr*
F. -- abkanzeln.
chorreo *m*
F. -- Rüge, (derber) Anschiß.
chorvitejo *m*
F. -- junger Kerl; Anbändler, Anmacher.
chorvo *m*
F. -- Frauenheld; Liebhaber.
chota *m*
F. -- 1. Estar como una chota - meschugge, plemplem sein, verrückt sein.
G. -- 2. Denunziant,Spitzel.
chotearse *pronl*
F. -- 1. Chotearse de alguien - über j-n spotten, j-n auf den Arm nehmen.
G. -- 2. "auspacken", verraten.
choteo *m*
F. -- Spott, Hänselei.
chotis *m*
F. -- 1. typischer Madrider Tanz -- 2. Ser más agarrado que un chotis - sehr knickerig sein.
chovata *f*
F. -- Bier.
chozo *m*
G. -- Versteck; geheime Wohnung eines (gesuchten) Verbrechers.
chubasquero *m*
F. -- Präservativ, "Pariser".
chucha *f*
F. -- 1. Lustlosigkeit; Niedergeschlagenheit, Mutlosigkeit.
G. -- 2. weiblicher Sträfling.
chuchurrío, -a *adj*
F. -- welk.
chufa *f*
F. -- 1. Ohrfeige -- 2. Lüge; Prahlerei.
chulada *f*
F. -- etwas Anmutiges, Hübsches, Nettes.
chulai *m*
G. -- Zuhälter.
chulángano *m*
F. -- 1. Angeber -- 2. Messerheld.
G. -- 3. Zuhälter.
chulapera *m*
F. -- 1. Angeber.
G. -- 2. Zuhälter.
chulear *tr*
F. -- 1. ausbeuten, ausnehmen, betrügen.
G. -- 2. Zuhälterei betreiben -- 3. (Zuhälter) von den Frauen leben.

chuleo *m*
   F. -- 1. Betrug.
   G. -- 2. Zuhälterei.
chuleras *m/sg*, **chuleta** *m*
   F. -- Angeber; Messerheld; Raufbold, Schläger.
chulín *m*
   F. -- Angeber, Maulheld.
chulo *m*
   F. -- 1. Angeber; Messerheld; Raufbold, Schläger -- 2. (*adj*) hübsch.
   G. -- 3. *Chulo (de) putas* - Zuhälter.
chumascona *f*
   G. -- Hure, Nutte.
chuminada (chuminá) *f*
   F. -- Dummheit, Unsinn, Quatsch.
chumino *m*
   F./V. -- Fotze, Möse.
chungar *tr*
   G. -- panschen.
chungo, -a *adj*
   F. -- 1. *Estar chungo* - krank sein.
   G. -- 2. schlecht, mies, falsch, verfälscht, verdorben.
chungón *m*
   F. -- Witzbold, Spaßmacher, Spaßvogel.
chupa *f*
   F. -- 1. Joppe -- 2. Regenschauer.
chupacirios *m/sg*
   F. -- Frömmler, Betbruder.
chupaculos *m/sg*
   V. -- Archlecker, Arschkriecher.
chupado, -a *adj*
   F. -- 1. *Está chupado* - das ist kinderleicht -- 2. *Estar chupado* - hager, eingefallen sein -- 3. *Está más chupado que la pipa de un indio* - er ist klapperdürr.
chupano *m*
   G. -- Gefängnis; Strafzelle, Bau, "Loch".
chupar *tr*
   F. -- 1. *Chupar del bote* - schmarotzen, schnorren -- 2. *Chuparse tres años de cárcel* - drei Jahre einsitzen -- 3. *¡Chúpate esa!* - da hast du es!, was sagst du nun?, da staunst du, was?
   V. -- 4. Oralverkehr treiben -- 5. *¡Me la chupas!* - leck mich am Arsch!
chupasangre *f*
   F. -- Blutsauger, Wucherer.
chupe *m*
   F. -- 1. das Schnorren -- 2. *Ir de chupe* - schnorren.
chupete *m*
   F. -- 1. Penis, Zipfel -- 2. *Estar de chupete* - köstlich sein, (Frau) zum Vernaschen sein.
   D. -- 3. Medikamente gegen die Entzugserscheinungen.
chupeteo *m*

F. -- "Filz", Korruption.
chupetero, -a *subst* u. *adj*
V. -- j-d, der Oralverkehr treibt.
chupetín *m*
F. -- jede Sorte alkoholisches Getränk.
chupi *adj*
F. -- 1. dufte, "geil", prima, toll.
D. -- 2. (*m*) LSD.
chupinazo *m*
F. -- (Fußball) starker Schuß.
chupito *m*
F. -- 1. Stamperl; Einstöckiger, Kurzer -- 2. (*adj*) leicht, gefügig.
chupo *m*
F. -- Weste.
chupóptero *m*
F. -- "Nassauer", Schmarotzer.
chuquela *f*
G. -- Moneten, "Zaster".
churi *m*
G. -- (Spring-)Messer.
churimangar *tr*
G. -- klauen, stehlen; rauben.
churimangui *m*
G. -- Taschendieb.
churinar *tr*
G. erdolchen, erstechen.
churra *f*
F. -- 1. Glück, "Schwein" -- 2. *Mezclar churras con merinas* - alles durcheinderbringen.
churrai *m*
G. -- 1. Laus -- 2. (*adj*) kränklich, gebrechlich.
churri *adj*
F. -- langweilig, farblos, nichtssagend; nicht gelungen.
churro *m*
F. -- 1. Pfuscharbeit -- 2. *Mandar a freír churros* - zum Teufel schicken.
V. -- 3. Penis, "Schwanz" -- 4. *Mojar el churro* - "bumsen".
chusco *m*
M. -- Kommißbrot.
chusquel *m*
G. -- Hund.
chusquero *m*
M. -- Kommißkopf, Barrashengst.
chuta *f*
D. -- Injektionsspritze.
chutar *intr*
F. funktionieren.
chutarse *pronl*
D. -- sich Heroin spritzen.

chute *m*
  D. -- Heroinspritze.
chuti *adj*
  G. -- ausbeuterisch; kleinlich; knauserig, knickerig.
chutón, -ona *adj* u. *subst*
  F. -- 1. schlau -- 2. pervers -- 3. gut geeignet, goldrichtig.
  D. -- 4. Junkie, Drogenabhängiger.
chutona *f*
  D. -- Injektionsspritze.
chutosa *f*
  D. -- Injektionsspritze.
ciego, -a *adj*
  D. -- 1. betrunken, berauscht -- 2. *Ir ciego* - betrunken, berauscht sein -- 3. *Ponerse ciego* - sich betrinken; sich mit Rauschgift vollstopfen.
cien *num*
  F./D. -- 1. *Estar a cien (por hora)* - sehr aufgeregt sein, sehr erregt sein (unter der Wirkung von Alkohol und anderen Drogen) -- 2. *Poner a cien a alguien* - j-n sehr nervös machen, j-n stark erregen.
cierta *f*
  F. -- Tod.
cigala *f*
  F. -- Bein.
cigüeño *m*
  G. -- Angehöriger der Guardia Civil.
cilindrín *m*
  F. -- 1. Zigarrette, Glimmstengel -- 2. *Incinerar el cilindrín* - eine Zigarette anzünden.
cillerero *m*
  F. -- Schmeichler, (derb) Arschkriecher.
cimbel *m*
  V. -- Penis, "Schwanz".
cipote *m*
  V. -- Penis, "Schwanz".
ciri *m*
  F. -- Penis, Pimmel.
cirio *m*
  F. -- 1. Streit, Prügelei -- 2. *Montar un cirio* - einen großen Krach schlagen.
ciruelo *m*
  F. -- 1. Dummkopf -- 2. Penis, Pimmel.
cisne *m*
  F. -- Hure, Prostituierte.
citi *f*
  D. -- synthet. Rauschmittel.
civilón *m*
  G. -- Angehöriger der Guardia Civil.
cla *f*
  F. -- 1. (Theater) Claque -- 2. Begleitung; Gefolge; Geleit.
clameta *f*

G. -- (Gericht) Vorladung.
clarearse *pronl*
  G. -- abhauen, verduften, sich verdünnisieren.
clareo *m*
  G. -- 1. Flucht, Reißaus -- 2. *Darse un clareo* - einen Bummel machen; heimlich verschwinden.
clarinete *adj/adv*
  F. -- klar; logisch, "logo".
claro *adv*
  F. -- (iron.) *Tenerlo claro* - es "schwer" haben; durcheinander sein.
clavada *f*
  F. -- Nepp.
clavar *intr*
  F. -- neppen.
clavel *m*
  F. -- 1. Geld, Vermögen -- 2. *No tener un clavel* - "abgebrannt" sein.
clavo *m*
  F. -- 1. Nepp; Wucher -- 2. *Como un clavo* - ganz pünktlich.
  V. -- *Echar un clavo* - "bumsen".
clavos *m/pl*
  F. -- 1. Haar -- 2. *Estar matado de los clavos* - kahl sein.
clisar *tr*
  G. -- schauen, gucken.
clisera *f*
  G. -- Brille.
cliso *m*
  G. -- Auge.
clisón *m*
  G. -- Brillenträger.
clochi *f*
  G. -- "Dietrich".
clon *m*
  F. -- Clown; Blödmann, Dummkopf.
clonatis *m*
  F. -- Clown.
cobero *m*
  F. -- Schmeichler; (derb) Arschkriecher.
cobrar *tr*
  F. -- Prügel beziehen.
coca *f*
  D. -- Kokain.
cocer *tr*
  F. -- denken, überlegen, scharf nachdenken.
cocerse *pronl*
  F. -- sich besaufen, sich vollaufen lassen.
cochinera *f*
  G. -- grüne "Minna".

cocido, -a *adj*
F. -- 1. gut durchdacht, wohlüberlegt -- 2. betrunken, besoffen -- 3. müde, schläfrig, schlaftrunken.
cocina *f*
D. -- Labor.
coco *m*
F. -- 1. Kopf, "Birne" -- 2. *Comerse el coco* - sich übertrieben Sorgen machen, sich obsessiv mit etwas beschäftigen -- 3. *Comer el coco a alguien* - j-n total überzeugen, sich j-n (psychologisch) ganz unterwürfig machen, j-n seines Verstandes berauben -- 4. *Darle al coco* - grübeln -- 5. *Tener mucho coco* - hochintelligent sein -- 6. Buhmann -- 7. *(adj)* häßlich, unsympathisch, unattraktiv -- 8. *Ser un coco* - ein Ekel sein.
cocoliso *m*
F. -- dummer, einfältiger Mensch.
cocota *f*
F. -- Prostituierte.
cogida *f*
F. -- Geschlechtskrankheit.
cohete *m*
V. -- 1. Fick -- 2. *Echar un cohete* - ficken.
cojines *m/pl*
F. -- Hoden.
cojón *m*
F./V. -- 1. *De cojón de mico* - dufte, "geil", Spitze -- 2. *De cojones* - sehr viel, unmäßig -- 3. *¡Hace un frío de cojones!* - es ist saukalt! -- 4. *Echarle cojones (a algo)* - an etwas furchtlos herangehen, etwas mit Schneid anpacken -- 5. *Importar un cojón* - scheißegal sein -- 6. *Te importa un cojón* - das geht dich einen feuchten Dreck an -- 7. *¡Manda cojones!* - zum Kotzen! -- 8. *Más negro que los cojones de un grillo* - pechschwarz -- 9. *No hay más cojones* - es bleibt nichts anderes übrig -- 10. *No hay cojones que valgan* - keine Widerrede! -- 11. *No vale un cojón* - das ist ein Scheißdreck -- 12. *Poner los cojones encima de la mesa* - sich nicht einschüchtern lassen; mit der Faust auf den Tisch schlagen -- 13. *Ponérsele (a alguien) los cojones en la garganta (de, por corbata)* - Mordsschiß kriegen -- 14. *¡Por cojones!* - auf Biegen und Brechen; auf Teufel komm raus -- 15. *¡Qué cojones?* - was zum Teufel? -- 16. *Pesarle (a uno) los cojones* - stinkfaul sein -- 17. *Se lo pasa por los cojones* - er scheißt drauf! -- 18. *(Alguien) tener cojones* - Schneid haben; unverfroren sein -- 19. *(Algo) tener cojones* - es in sich haben; nicht ohne sein -- 20. *Tenerlos (los cojones) cuadrados* - ein Mordskerl sein -- 21. *Tener los cojones por corbata* - Mordsschiß haben -- 22. *No tener cojones* - eine Memme sein -- 23. *¡Me estás tocando los cojones!* - du gehst mir auf die "Eier"! -- 24. *¡No me toques los cojones!* - laß mich in Ruhe; provoziere mich nicht! -- 25. *¡Tócate los cojones!* - (Empörung) na so was!, unerhört!, so ein Ding!; (Fluch) verfluchte Scheiße! -- 26. *!(Y) un cojón)!* - kommt nicht in die Tüte! -- 27. *¡Cojones!* - verdammte Scheiße! -- 28. *Arrugársele los cojones (a alguien)* - Mordsschiß kriegen, sich in die Hosen scheißen -- 29. *Caer (sentar) como una patada en los cojones* - sehr übelnehmen, stocksauer werden -- 30. *¡Chúpame un cojón!* - leck mich am Arsch! -- 31. *Con dos cojones (con un par de cojones)* - draufgängerisch, mit großem Schneid/Mumm -- 32. *Estar hasta los cojones* - die Schnauze voll haben -- 33. *¡Me duelen los cojones!* - ich habe die Schnauze voll! -- 34. *No salir de los cojones* - null Bock haben -- 35. *¡Porque me sale de los cojones!* - weil es

mir so paßt! -- 36. *¡Tócame los cojones!* - leck mich am Arsch! -- 37. *Tocarse los cojones* - faulenzen.
cojonada *f*
F./V. -- 1. Blödsinn -- 2. Unmenge, Unzahl.
V. -- 3. Hodensack.
cojonamen *m*
V. -- Hodensack.
cojonazos *m/sg*
F./V. -- Feigling, Memme, Waschlappen.
cojonudo, -a *adj*
F./V. -- 1. phantastisch, toll -- 2. *Es cojunado* - er ist ein Mordskerl!; (iron.) er/das ist das Letzte.
cola *f*
F. -- Pimmel, "Schwanz".
colado, -a *adj*
F. -- 1. über beide Ohren verliebt.
D. -- 2. stark abhängig.
colar *tr*
F. -- *Hacer algo a ver si cuela* - schummeln.
colega, colegui *m*
F. -- Freund, Kumpel.
colgado, -a *adj*
F. -- 1. über beide Ohren verliebt -- 2. geistesabwesend.
D. -- 3. Drogenabhängiger.
colgajo *m*
F. -- Pimmel, "Schwanz".
colgarse *pronl*
F. -- 1. *Colgarse (de alguien, de algo)* - von j-m oder von etw. total abhängig werden.
D. -- 2. abhängig werden.
colilla *f*
F. -- "Schwanz", Pimmel.
colmena *f*
F. -- Bedürfnisanstalt (als Treffpunkt für Homos).
coloca *m*
D. -- Dealer.
colocar *tr*
G. -- 1. festnehmen, verhaften.
D. -- 2. mit Drogen vollstopfen.
colocarse *pronl*
D. -- 1. sich berauschen; sich mit Drogen vollstopfen; sich ankiffen -- 2. *Estar colocado* - angekifft sein.
colocón *m*
D. -- Rausch, Trip.
colombi(a)na *f*
D. -- Kokain aus Kolumbien.
coloque *m*, **coloqueta** *f*
D. -- Rausch, Trip.

color *m*
    F. -- 1. Stimmung.
    D. -- 2. Rauschgift.
colorada *f*
    F. -- Zunge.
columbre *m*
    G. -- Auge.
columbrera *f*
    G. -- Brille.
columpiarse *pronl*
    F. -- 1. danebenhauen; ins Fettnäpfchen treten.
    D. -- 2. sich berauschen.
columpiero *m*
    G. -- Bar, Taverne.
combro *m*
    G. -- kleine Kaserne der Guardia Civil.
comecocos *m/sg*
    F. -- 1. lästiger, aufdringlicher Mensch -- 2. (Münz-) Spielautomat -- 3. Gameboy -- 4. "Glotze" -- 5. Psychiater; Psychologe.
comecome *m*
    F. -- innere Unruhe.
comehierba (comeyerba) *m/f*
    D. -- Haschischraucher(-in).
comehostias *m/f/sg*
    F. -- Betbruder / Betschwester.
comemierdas *m/sg*
    V. -- Arschkriecher.
comer *tr*
    G. -- *Comérselo* - ein Geständnis ablegen.
cometa *m*
    G. -- Zeuge.
comiche *m*
    G. -- Laden, Geschäft.
comi *f*
    G. -- Polizeirevier.
compi *m*
    F. -- 1. Kumpel.
    G. -- 2. Komplize.
comprar *tr*
    G. -- 1. bespitzeln -- 2. belauschen -- 3. aufpassen.
conan *m*
    D. -- LSD-Sorte.
concha *f*
    V. -- Möse.
conejo *m*
    V. -- Fotze.
confi *f*

F. -- Vertrauen.
confite *m*
   G. -- Spitzel.
confitura *f*
   G. -- Tip; Verrat.
congo *m*
   D. -- Haschisch aus dem Kongo.
cono *m*
   D. -- LSD- Sorte.
consata *m*
   G. -- Hehler.
consumado *m*
   G. -- 1. Beute.
   D. -- 2. (Schmuggel-) Droge.
contri *f*
   F. -- Ehefrau.
coña *f*
   F./V. -- 1. Spaß, Scherz -- 2. *Estar de coña* - scherzen -- 3. *¡Ni de coña!* - auf gar keinen Fall! -- 4. *Ser coña marinera* - ein übler Scherz sein; besonders lästig sein -- 5. *¡Es la coña!* - das ist die Höhe! -- 6. *Tomar a coña* - nicht ernst nehmen.
coñazo *m*
   F./V. -- 1. lästiger Mensch, Nervensäge -- 2. Langweiler; alles, was sehr langweilig ist -- 3. (Film, Theater) Schinken -- 4. *Dar el coñazo* - auf den Geist gehen.
coñeo *m*
   F./V. -- Hänselei.
coñete, coñito *m*
   F./V. -- junges Mädchen.
coño *m*
   F./V. -- 1. *¡Coño!* - (Ärger) Scheiße!; (Überraschung) Donnerwetter!; (Freude) Mensch, toll! -- 2. *¡Ay qué coño!* - (Fluch) verfluchte Scheiße!; (Bedauern) so ein Pech! -- 3. *¡El coño de tu hermana!* - (Ärger) scher dich zum Teufel! -- 4. *En el quinto coño* - am Arsch der Welt -- 5. (Frauen) *Estar hasta el (mismísimo) coño* - die Schnauze voll haben -- 6. *Se lo pasa por el coño* - sie scheißt drauf -- 7. *!Qué coño!* - (Nachdruck) ja, Herrgott nochmal! -- 8. *¿Qué (quién, dónde, ...) coño ...?* - was (wer, wo, ...) zum Teufel ...? -- 9. *El coño de la Bernarda* - eine herumhurende Frau, eine Frau, die jedem gehört; etw. nicht Ernstzunehmendes.
   V. -- 10. Fotze -- 11. *Le pica el coño* - sie ist geil, scharf (wie eine Rasierklinge) -- 12. (Frauen) *Tocarse/rascarse el coño* - faulenzen, untätig herumsitzen.
copera *f*
   F. -- Bardame.
copón *m*
   F. -- 1. *Del copón* - gewaltig, "riesig".
   V. -- 2. *Me cago en el copón* - (sehr derber Fluch) verdammte Scheiße!
corazón *m*
   D. -- LSD.
coreano *m*
   D. -- Joint.

cornamenta *f*
F. -- (Untreue) "Hörner".
cornificar *tr*
F. -- "Hörner" aufsetzen.
cornís *m*
F. -- Gehörnter, Hahnrei.
cornúpeta *m*
F. -- Gehörnter, Hahnrei.
corona, coronilla *m*
F. -- Priester; Pfarrer, "Pfaffe".
correrse *pronl*
V. -- ejakulieren.
corrida *f*
V. -- Ejakulation.
corroy *m*
G. -- Richter.
cortadillo *m*
F. -- flüchtiges Liebesverhältnis.
cortado *m*
F. -- 1. Kaffee mit wenig Milch -- 2. (*adj*) schüchtern, gehemmt -- 3. (*adj*) *Quedarse cortado* - verlegen werden.
cortar *tr*
F. -- 1. (Liebesverhältnis) Schluß machen -- 2. verlegen machen, beschämen.
D. -- 3. verschneiden.
cortarse *pronl*
F. -- 1. verlegen werden -- 2. *No cortarse un pelo* - keinerlei Scham empfinden.
corte *m*
F. -- 1. Scham, Verlegenheit -- 2. *Me da corte* - ich schäme mich -- 3. Abfuhr; Zurechtweisung; schroffe Zurückweisung -- 4. Unhöflichkeit -- 5. *Dar un corte a alguien* - j-n abblitzen lassen -- 6. ¡*Qué corte!* - was für eine Abfuhr!, wie peinlich!
corto, -a *adj*
F. -- schüchtern, gehemmt; unsicher, verschüchtert.
cortón *m*
F. -- Spaßvogel, Witzbold.
cosa *f*
F. -- 1. männliche oder weibliche Genitalien -- 2. Geschäft; Politik -- 3. Skandal -- 4. ¡*A otra cosa, mariposa!* - erledigt!, reden wir von etwas anderem! -- 5. *Estar con la cosa* - (Frauen) die Tage haben.
coscar *tr*
G. -- wissen; erfahren; wiedererkennen.
coscarse *pronl*
G. -- verstehen, kapieren.
coscorrón *m*
F. -- ein Gläschen Tequilla (oder anderer Schnaps) mit etwas Schweppes.
cosqui *f*
F. -- 1. Belästigung; Ärger.
G. -- 2. Polizeirevier, -wache -- 3. Kaserne der Guardia Civil.

costo *m*
D. -- 1. Haschisch -- 2. *Darle al costo* - Haschisch rauchen.
costoso, -a *subst* u. *adj*
D. -- Haschischabhängige(r).
cotarro *m*
F. -- 1. Staat, Land -- 2. Gemeinde -- 3. Gruppe, Freundeskreis, Clique -- 4. Angelegenheit -- 5. *Dirigir el cotarro* - regieren, führen, das Sagen haben.
coz *f*
D. -- Heroinschuß.
cráneo *m*
F. -- *Ir de cráneo* - sehr besorgt sein; sehr beschäftigt sein, großen Streß haben.
cremallera *f*
F. -- 1. Schweigen -- 2. *¡Cremallera!* - "Klappe"!, "Schnauze"!
cristo *m*
F. -- 1. Lärm, Krach, Durcheinander; Schlägerei -- 2. *Armar un cristo* - Krach machen; eine Schlägerei vom Zaun brechen -- 3. *Todo cristo* - jedermann.
croqueta *f*
F. -- 1. Kopf, "Birne", "Rübe".
V. -- 2. Penis, Pimmel.
crudo *adv*
F. -- *Tenerlo crudo* - es verdammt schwer haben.
crugir *tr*
F. -- verprügeln.
cuadrado, -a *adj*
F. -- 1. athletisch, kräftig, stark -- 2. dick, fett, feist -- 3. dickköpfig, dickschädelig, stur -- 4. (*subst*) Deutsche(r).
cualquiera *f*
F. -- *Una cualquiera* - Dirne.
cuate *m*
F./G. -- Kumpel, Kollege.
cuartelillo *m*
D. -- Portion Rauschgift, die der Dealer für sich behält.
cuatrimotor *m*
D. -- dicker Joint.
cuatrojos *m/f/sg*
F. -- Kurzsichtige(r); Brillenträger(-in).
cucaracha *f*
F. -- 1. Priester, Pfarrer -- 2. Nonne, Schwester (mit schwarzer Ordenstracht) -- 3. Kleinwagen.
G. -- 4. Richter.
cucli *m*
G. -- Polizist, "Bulle".
cuchichi *m*
F. -- Mischling (von Zigeuner und Nichtzigeuner).
cuelgue *m*
D. -- Sinnen-, Geistesverwirrung nach dem Konsum von Drogen.
cuento *m*

F. -- Lüge -- 2. *Tener mucho cuento, tener más cuento que Calleja* - ein (großer) Schwindler sein; ein (großer) Simulant sein -- 3. *Venir con el cuento* - petzen -- 4. *Vivir del cuento* - schmarotzen; schnorren.
cuerda *f*
F. -- 1. Geduld, Ausdauer -- 2. Gespräch; Monolog -- 3. *Darle a la cuerda* - plaudern -- 4. *Soltar la cuerda* - ein Geständnis ablegen, "singen" -- 5. "Seilschaft"
G. -- 6. Bande -- 7. *Los de la cuerda* - Gangster; organisierte Kriminalität; Mafia.
cuernos *m/pl*
F. -- 1. *Llevar cuernos* - ein Gehörnter sein, ein Hahnrei sein -- 2. *Poner los cuernos* - "Hörner" aufsetzen -- 3. *¡Me importa un cuerno!* - es ist mir wurst! -- 4. *Romperse los cuernos* - sich abrackern -- 5. *¡Vete al cuerno!* - geh zum Teufel!
cuero *m*
G. -- Brieftasche.
cuerpo *m*
F. -- 1. schöner Mensch -- 2. Freund, Kumpel -- 3. *Este cuerpo* - ich (selbst) -- 4. *¡Demasiado pa(ra) mi cuerpo!* - das ist einfach zu viel!, unglaublich! -- 5. *¡Paso de tu cuerpo!* - du bist mir wurst!
cuervo *m*
F. -- Priester, Pfarrer, "Pfaffe".
culamen *m*
F. -- dicker Arsch.
culata *f*
F. -- Hüfte; Arschbacke.
culeado *m*
F. -- Schwuler.
culear *tr/intr*
F. -- Analverkehr haben.
culebrón *m*
F. -- endlose Seifenoper, TV-Dauerwurst.
culeras *m/pl*
F. -- Feigling, Memme.
culero *m*
F. -- Schwuler.
culero, -a *subst*
D. -- Drogenschmuggler(-in), der (die) das Rauschgift im After versteckt hat.
culo *m*
F. --1. Hintern *m* -- 2. *Confundir el culo con las témporas* - alles durcheinander bringen, alles durcheinander werfen -- 3. *Dejar con el culo al aire* - bloßstellen -- 4. *Estar con el culo a rastras* - in Geldnöten, pleite, blank sein -- 5. *En el culo del mundo* - am Arsch der Welt -- 6. *Está con el culo prieto* - ihm geht der Arsch mit Grundeis.
F./V. -- 7. Arsch -- 8. *Ir de (puto) culo* - sich in Zeitnot befinden; verdammt schlecht dran sein -- 9. *Irse algo a tomar por culo* - etwas ist im Arsch, im Eimer; kläglich scheitern -- 10. *Limpiarse el culo con algo* - sich mit etwas den Arsch wischen -- 11. *Ser culo y camisa* - unzertrennlich sein -- 12. *Tener culo* - Schiß haben -- 13. *Traer de culo* - Kopfzerbrechen bereiten; (bei Verliebtheit) den Schlaf rauben -- 14. *Venir de culo* - schief laufen -- 15. *¡Vete a tomar por culo!* - geh zum Teufel!, verpiss' dich! -- 16. *¡A tomar por culo!* - zum Teufel (damit)! -- 17. *¡Esto me da por culo!* - das ärgert mich zu

Tode!, das macht mich wütend! -- 18. *Lamer el culo* - den, am Arsch lecken -- 19. *Mandar a tomar por (el) culo* - zum Teufel schicken -- 20. *Mojarse el culo* - sich engagieren, mitmachen -- 21. *Se lo pasa por el culo* - das geht ihm am Arsch vorbei -- 22. *Poner el culo* - den Hintern hinhalten; sich unterwerfen -- 23. *¡Que te den por culo!* - verrecke! -- 24. *Dar por (el) culo* - sodomisieren; in den Arsch ficken.

cumplir *tr*
F. -- *Cumplir en la cama* - im Bett sein Bestes tun.

cunda *f*
G. -- Verlegung von Sträflingen in ein anderes Gefängnis.

cuña *f*
F. -- Hilfe, Unterstützung.

cuqui *f*
D. -- 1. Amphetamin -- 2. Depression.

curiana *m*
F. -- Priester, Pfarrer, "Pfaffe".

curichi m
F. -- knickrig, knauserig.

curra *f*
F. -- 1. (Ehe-)Frau, "bessere Hälfte" -- 2. Rücken -- 3. (Spring-)Messer -- 4. Tracht Prügel.
V. -- 5. Onanie -- 6. *Hacerse una curra* - onanieren.

currado, -a *adj*
F. -- 1. vom Alter gezeichnet; vergreist -- 2. bewandert, erfahren -- 3. vom Leben gebeutelt.

currador *m*
F. -- 1. Arbeiter.
G. -- 2. Erpresser -- 3. Raufbold -- 4. Betrüger.

curranda *f*
F. -- 1. die Arbeiterklasse -- 2. Kirmes.

curranta *f*
F. -- 1. Arbeiterin -- 2. Dienstmädchen.

currante *m*
F. -- 1. Arbeiter -- 2. Diener.

currar *intr*
F. -- arbeiten; schuften, malochen.

currarse *pronl*
F. -- *Currarse algo* - sich etwas durch schwere Arbeit verdienen.

curre *m*
F. -- Arbeit.

currela(nte) *m*
F. -- Arbeiter.

currele, -o *m*
F. -- 1. Arbeit.
G. -- 2. Straftat.

curreo *m*
F. -- 1. Reparatur -- 2. Pfuscharbeit.

curreta *m*
F. -- Arbeiter.

currinchi *m*
    F. -- 1. Lehrling -- 2. Anfänger.
curripén *m*
    F. -- 1. Tracht Prügel.
currita *f* (*siehe* **curra** V. -- 5.)
currito *m*
    F. -- 1. Puppenspielfigur -- 2. "Kasperle", "Hampelmann", "Marionette" -- 3. Lehrling -- 4. (*dim*) Arbeiter.
curro *m*
    F. -- Arbeit; Arbeitsplatz.
cuscársela *pronl*
    V. -- onanieren.
cusquero *m*
    V. -- Wichser.
cusqui *f*
    F. -- 1. Pein; Pech, Unglück -- 2. *Hacer la cusqui a alguien* - j-n belästigen; j-n ärgern; j-m schaden.
cutre *adj*
    F. -- schäbig, heruntergekommen, vergammelt.

CAMBIAR EL CHIP

Zeichnung: Cornelia Thomas

D

dabute(n), dabuti(n) *adj/adv*
F. -- prima, toll, "geil".
dactileado, -a *adj*
G. -- erkennungsdienstlich erfaßt.
dactilear *tr*
G. -- klauen, mitgehen lassen, stibitzen.
dactilera *f*
G. -- 1. Hand -- 2. Fingerabdruck.
dactilero, -a *subst*
G. -- 1. Taschendieb(-in) -- 2. Bettler(-in).
dado, -a *adj*
F. -- abgenutzt, verbraucht.
F./V. -- gebumst, gefickt; sodomisiert.
dante *m*
V. -- aktiver Homosexueller.
dar(se) *tr/pronl*
F. -- 1. *Darle a algo* - sich mit etwas intensiv beschäftigen -- 2. *Darle (a uno) por algo* - sich etwas angewöhnen; eine (starke) Neigung zu etwas entwickeln, einen Fimmel für etwas bekommen -- 3. *Le dio por ahí* - es kam ihm plötzlich in den Sinn -- 4. *Le dio por decir* - er sagte immer wieder -- 5. *Dársela a alguien (con queso)* - j-n irreführen, j-n reinlegen -- 6. *Se las da de (muy) listo* - er kommt sich sehr klug vor -- 7. *Dar la vara a alguien* - j-n belästigen, j-m auf den Wecker fallen -- 8. *¡Y dale!* - Das hört nie auf!
F./V. -- 9. *Me da por culo* - das finde ich zum Kotzen -- 10. *¡Vas dado!* du bist aber verdammt schlecht dran! -- 11. *Dar una hostia a alguien* - j-m eine 'runterhauen, j-m eine Watsche geben -- 12. *Darse una hostia* - hinfallen; (ab-)stürzen -- 13. *Darse de hostias con alguien* - sich mit j-m prügeln.
V. -- 14. *Dar por culo* - sodomisieren, in den Arsch ficken; belästigen, stark verärgern.
G. -- 15. *Dárselas de negras* - verduften, verschwinden.
dátil *m*
F. -- Finger.
datilear *tr*
G. -- klauen, mitgehen lassen, stibitzen.
datilero, -a *subst*
G. -- Taschendieb(-in).
dedil *m*
G. -- Ring.
dedo *m*
F. -- 1. *A dedo* - ohne (demokratische) Legitimation -- 2. *Nombrar a dedo a alguien* - j-n ohne irgendwelche Legitimation in ein Amt oder auf einen Posten ernennen -- 3. *Chuparse el dedo* - blöd sein, naiv sein -- 4. *Hacer dedo* - per Anhalter fahren -- 5. *Pillarse los dedos* - sich kompromittieren.
V. -- 6. *Dedo sin uña* - Penis -- 7. *Meterse el dedo* - (Frau) onanieren.
dedocracia *f*
F. -- Diktatur.

defensas *f/pl*
    F. -- 1. Busen, Titten -- 2. *Tener buenas defensas* - "Holz vor der Hütte" haben.
delantera *f*
    F. -- 1. Busen, Titten -- 2. *Tener buenas delanteras* - "Holz vor der Hütte" haben.
delco *m*
    F. -- Magen.
delega *f*
    G. -- Polizeirevier, -wache.
denel, denén *adv*
    F. -- nichts da, kommt überhaupt nicht in Frage, kommt nicht in die Tüte, von wegen.
depósito *m*
    V. -- Arsch.
depre *f*
    F. -- Depression.
derrapar *intr*
    F. -- verrückt werden, den Verstand verlieren.
derrape *m*
    F. -- 1. tolle Fete; Mordsgaudi. -- 2. (jäher) Wahnsinn.
derrota *m*
    F. -- Schwätzer.
    G. -- (*f*) Geständnis, Schuldbekenntnis.
derrotarse *pronl*
    F. -- 1. sich bis über beide Ohren verlieben -- 2. heiraten.
    G. -- 3. ein Geständnis ablegen.
derrote *m*
    F. -- 1. Minderwertigkeitskomplex, Schüchternheit.
    G. -- 2. Geständnis, Schuldbekenntnis -- 3. Verrat.
desarmado *adj*
    F. -- impotent.
desbraguetado, -a *adj*
    F. -- arm, armselig.
desbrigar *tr*
    G. -- eine Handtasche öffnen (um zu stehlen).
descafeinado, -a *adj*
    F. -- fade, geschmacklos, abgestanden; entschärft, reizlos.
descapullar *intr*
    V. -- die Vorhaut zurückschieben.
descarao *adv*
    F. -- todsicher, zweifellos.
descerebrado, -a *adj*
    F. –hirnamputiert, hirnrissig, saudumm.
descojonación *f*
    F./V. -- 1. Chaos, Durcheinander -- 2. *¡La descojonación!* - das ist die Höhe!, unerhört!, unglaublich! -- 3. (lautes) Gelächter.
descojonado *adj*
    F./V. -- entmannt, kastriert.
descojonamiento *m* (*siehe* **descojonación**)

descojonante *adv*
F./V. -- sehr komisch, sehr lustig, sehr witzig.
descojonar *tr*
F./V. -- entmannen, kastrieren.
descojonarse *pronl*
F./V. -- sich kaputt lachen, sich einen Ast lachen.
descojone, descojono *m*
F./V. -- (großes) Gelächter; Spott.
descolgarse *pronl*
D. -- sich entwöhnen.
descorche *m*
F. -- (Bardamen) Gäste zum Trinken animieren.
descornarse *pronl*
F. -- 1. mit dem Kopf gegen etwas heftig stoßen -- 2. sich abrackern.
descuadradado, -a *adj*
F. -- mißgestaltet.
descuernacuernos *m/sg*
F. -- Bier mit Pfefferminze.
desecho *m*
G. -- 1. Krimineller, Verbrecher -- 2. *El desecho* - die Kriminalität; die Prostitution.
desenfundado, -a *adj*
F. -- splitternackt.
desenfundar *tr*
V. -- den Penis hervorholen.
desengancharse *pronl*
D. -- sich entwöhnen.
deshuevarse *pronl* (*siehe* **descojonarse**)
desmadrarse *pronl*
F. -- außer Rand und Band geraten.
desmadre *m*
F. -- Anarchie, Chaos, Durcheinander, Krach.
desmarcado, -a *adj*
F. -- emanzipiert, frei, unabhängig.
desmelenarse *pronl*
F. -- sich hemmungslos dem Vergnügen hingeben; über die Stränge schlagen.
despacharse *pronl*
F. -- *Despacharse a su gusto* - frei von der Leber weg reden; die Sau rauslassen.
despatarrarse *pronl*
F./V. -- (Frau) die Beine breit machen.
despechugarse *pronl*
F. -- (Frau) den Busen entblößen.
despeluchado, -a *adj*
F. -- bettelarm.
despelotado, -a *adj*
F. -- splitternackt.
despelotarse *pronl*
F. -- sich nackt ausziehen.

despelote *m*
   F. -- 1. Entkleidung. -- 2. Striptease -- 3. *¡El despelote!* - das ist die Höhe!, unerhört!, unglaublich!
despeluchar *tr*
   F. -- an den Bettelstab bringen, ruinieren.
despendolado, -a *adj*
   F. -- 1. ohne Anschluß (an einem Bekanntenkreis). -- 2. ohne Kontrolle, hemmungslos.
despepite *m*
   F. -- Hemmungslosigkeit, Wut.
despertador *m*
   D. -- Amphetamin, Speed.
despintado, -a *adj*
   F. -- vergeßlich, zerstreut.
despiporrarse *pronl*
   F. -- sich ganz toll amüsieren.
despiporre *m*
   F. -- Gelächter; Gaudi, Spaß.
despiporren *m*
   F. -- *¡Es el despiporren!* – das ist zum Piepen!
desplumar *tr*
   F.-- abzocken.
destaparse *pronl*
   F. -- 1. sich entkleiden -- 2. sich outen.
destape *m*
   F. -- 1. Entblätterung, Enthüllung, Entkleidung -- 2. (nach der Franco-Diktatur) Lockerung der sexuellen Tabus; erste Filme, Theaterstücke und Illustrierte mit erotischen Nacktszenen und -photos -- 3. Outing.
destripar *tr*
   F. -- ausplündern.
dex *f*
   D. -- Dexamphetamin.
diablo m
   G. -- Gefängnis, Strafzelle.
diamante *m*
   V. -- Vorhaut -- 2. *Darle al diamante* - bumsen, vögeln -- 3. *Soplar el diamante* - einen "blasen".
diarrea *f*
   F. -- *Diarrea mental* - geistige Verwirrung, verworrene Gedanken.
dicar *tr*
   G. -- sehen, beobachten.
diez *euphem*
   F. -- *Me cago en diez* - verflixt nochmal!
díler *m*
   D. -- Dealer, Drogenhändler.
diñar *tr*
   F. -- *Diñarla(s)* - abkratzen, sterben.
dios *m*

F. -- *Armar la de dios es cristo* - einen Mordskrach schlagen.
dique *m*
   G. -- Blick.
diquelar *tr*
   G. -- 1. sehen, erblicken, wahrnehmen -- 2. kapieren.
disco *m*
   F. -- 1. alte Leier -- 2. *Tener el disco rayado* - sich ständig wiederholen -- 3. *Estar con el disco rojo* - (Frau) die Tage haben.
disloque *m*
   F. -- 1. Verrücktheit -- 2. *¡Es el disloque!* - das ist die Höhe!, das ist echt geil!, das ist sehr lustig!, das ist super!
diver *adj/adv*
   F. -- amüsant, unterhaltsam.
doblar *tr*
   F. -- *Doblarla* - abkratzen, sterben.
doble *m*
   F. -- großes Glas Bier.
   G. -- Gefängnisdirektor.
doblecero *m*
   G. -- erstklassiges Haschisch.
dólar *m*
   F. -- *Montarse en el dólar* - Bombengeschäfte machen, sich bereichern.
dolorosa *f*
   F. -- (Restaurant) Rechnung, Zeche.
doméstico, -a *subst*
   F. -- Kellner(-in).
domingas *f/pl*
   F. -- Titten.
dominó *m*
   F. -- Verhüter, Pariser.
dormida *f*
   F. -- Beischlaf.
dos *m*
   F. --*Tomar el dos* – abhauen
dragón *m*
   G. -- LSD-Tropfen.
drea *f* (*siehe auch* **pedrea**)
   F. -- Kampf mit Steinwürfen unter Straßenjungen.
drogata, drogatis *subst*
   D. -- Rauschgiftabhängige(r).
drogui *subst* (*siehe* **drogata**)
dron *m*
   G. -- Straße, Weg.
dronista *m*
   G. -- 1. Fernfahrer, LKW-Fahrer -- 2. Anhalter.
duca *f*
   G. -- Traurigkeit, Trauer.

duguis *m/pl*
    G. -- Polizeistreife
dúplex *m*
    F. -- lesbischer Sexualverkehr.

E

elementa *f*
F. -- Dirne, Hure, Luder.
embarque *m*
F. -- 1. schwierige Lage, Zwickmühle.
G. -- 2. Strafe, Urteil.
embea *f*
F. -- Ehefrau, "bessere Hälfte".
embeas *f/pl*
G. -- Handschellen.
embolado *m*
F. -- 1. Problem; Anschiß, Rüffel -- 2. *Meter un embolado a alguien* - j-n anscheißen, j-n anschnauzen.
G. -- 3. Verurteilung.
embolar *tr*
G. -- zu einer Gefägnisstrafe verdonnern.
embuchado, -a *adj*
F. -- schweigsam, wortkarg.
embutido, -a *adj*
F. -- versteckt, verborgen.
embutir *tr*
F. -- verstecken, verbergen, verheimlichen.
eme *f*
F. -- 1. Scheiße -- 2. *Mandar a la eme* - zum Teufel/in die Wüste schicken -- 3. *¡Una eme!* - kommt nicht in Frage!; du kannst mich!, die können mich!
empalmarse *pronl*
F./V. -- 1. einen "Ständer" bekommen -- 2. *Estar empalmado* - einen "Ständer" haben.
G. -- 3. ein Messer aufspringen lassen -- 4. *Ir empalmado* – bewaffnet sein.
empanada *f*
F. -- 1. Verwirrung, verworrene Gedanken, wirres Zeug -- 2. *Tener una empanada mental* - wirres Zeug denken.
empapado, -a *adj*
F. -- *Estar empapado* - im Bilde sein, ganz gut Bescheid wissen.
empapelar *tr*
F. -- festnehmen, verhaften; verurteilen; einlochen, einsperren.
empaquetar *tr*
F. -- eine Strafe verpassen; zu einer Gefängnisstrafe verdonnern.
empiltrarse *pronl*
F. -- *Empiltrarse con alguien* - mit j-m ins Bett gehen.
empinarse *pronl*
F./V. -- 1. eine Erektion bekommen -- 2. *No se le empina* - er kriegt keinen "Ständer".
emplantillar *tr*
G. -- verstecken, verbergen.
emplumar *tr*
G. -- 1. einsperren, ins Gefängnis stecken -- 2. betrügen, reinlegen.

emporrarse *pronl*
  D. -- kiffen.
empreñador, -a *adj*
  F. -- lästig, entnervend.
empreñar *tr*
  F.-- belästigen, auf den Wecker fallen.
empurar *tr*
  M. -- eine Strafe verpassen.
empucerse *pronl*
  F. -- sich prostituieren.
emputecido
  F. -- verhurt.
enanieves *m/sg*
  F. -- Zwerg, kleiner Wicht.
enano *m*
  F. -- 1. *Divertirse como un enano* - sich toll amüsieren -- 2. *(Pone un circo y) le crecen los enanos* - er ist ein Pechvogel.
  G. -- 3. Klapp-, Taschenmesser.
encabronar *tr*
  F./V. -- stark verärgern, wütend machen.
encabronarse *pronl*
  F./V. -- in Wut geraten.
encalomar *tr*
  F. -- 1. an sich nehmen, ergreifen.
  G. -- 2. einlochen, ins Gefängnis stecken.
  V. -- 3. bumsen, ficken, vögeln.
encalomarse *pronl*
  F. -- 1. sich überfressen; sich volllaufen lassen.
  G. -- 2. sich in einem Gebäude verstecken, um zu stehlen.
encalome *m* (*siehe* **encalomarse** G. -- 2.)
encalomo *m*
  G. -- Diebstahl, Einbruch.
encamarse *pronl*
  F. -- *Encamarse con alguien* - mit j-m ins Bett gehen.
encartar *tr*
  G. -- (bei einem Vehör) j-n belasten.
encerradero *m*
  G. -- Gefängnis, Zuchthaus, Knast.
encerrar *tr*
  G. -- beschatten, folgen.
enchiquerar *tr*
  F. -- einsperren, ins Gefängnis stecken.
enchironar *tr* (*siehe* **enchiquerar**)
enchispado, -a *adj*
  F. -- beschwipst.
enchochado, -a *adj* (*siehe* **encoñado, -a**)
enchochar *tr* (*siehe* **encoñar**)

enchocharse *pronl* (*siehe* **encoñarse**)
enchufes *m/pl*
  F. -- Beziehungen, "Vitam B".
enchufismo *m*
  F. -- Filz, Vetternwirtschaft.
encoñado, -a *adj*
  F./V. -- bis über beide Ohren verliebt; sexuell hörig.
encoñamiento *m*
  F./V. -- starke Verliebtheit; totale sexuelle Hörigkeit.
encoñar *tr*
  F./V. -- (Frau) sich einen Mann sexuell hörig machen.
encoñarse *pronl*
  F./V. -- sich bis über beide Ohren verlieben; einer Frau sexuell hörig werden.
encular *tr*
  V. -- in den Arsch ficken, sodomisieren.
encurdarse *pronl*
  F. -- sich betrinken, sich besaufen.
endiñar *tr*
  F. -- verpassen, geben.
endiquelar *tr*
  G. -- anschauen.
enepeí (*für* **ni puta idea**)
  F. -- keine Ahnung!
enfilar *tr*
  F.-- 1. ablehnen, hassen.
  F./G. -- 2. beobachten, überwachen, beschatten.
enfile *m*
  F. -- (starke) Abneigung, Haß.
engañabobos *m/sg*
  F. -- Deodorant, Kölnischwasser.
enganchado, -a *adj*
  D. -- drogenabhängig.
enganchar *tr*
  F. -- 1. packen, fesseln.
  D. -- 2. von Drogen abhängig machen.
engancharse *pronl*
  D. -- drogensüchtig werden.
engatillar *tr*
  F. -- 1. hassen.
  V. -- 2. bumsen, ficken, vögeln.
  G. -- 3. festnehmen, verhaften.
englobado, -a *adj*
  F. -- 1. stocksauer.
  D. -- 2. leicht berauscht.
englobarse *pronl*
  F. -- 1. sich (sehr) ärgern; einen Wutanfall bekommen.
  G. -- 2. sich leicht berauschen.

engrasar *tr*
F. -- "schmieren", bestechen.
engrase *m*
F. -- Bestechung, Schmiergeld.
engrifado, -a *adj*
D. -- (v. Haschisch, Marihuana u.a.) berauscht.
engrifarse *pronl*
D. -- kiffen.
engurruñido, -a *adj*
F. -- 1. zusammengeschrumpft -- 2. kleinlaut -- 3. knauserig, knickerig.
engurruñirse *pronl*
F. -- 1. zusammenschrumpfen -- 2. sich einschüchtern lassen, kleinlaut werden.
enhebrar *intr*
F. -- 1. abhauen, sich aus dem Staub machen.
V. -- 2. "bumsen".
enjaretar *tr*
F. -- schlagen, verprügeln.
enmierdado, -a *adj* u. *subst*
F. -- 1. kompromittiert, verwickelt.
D. -- 2. Drogensüchtige(r) -- 3. berauscht, besoffen.
enmierdarse *pronl*
F. -- 1. sich kompromittieren; in die Scheiße treten.
D. -- 2. sich berauschen, sich besaufen.
enmondongar *tr*
F. -- 1. verwirren -- 2. *Enmondongar la mente* - die Gedanken durcheinander bringen.
enristrar *tr*
G. -- 1. abhauen -- 2. verprügeln.
enrollado, -a *adj*
F. -- 1. nett, sympathisch, charmant -- 2. grüblerisch, tief besorgt, in sich gekehrt -- 3. liiert, verliebt.
enrollarse *pronl*
F. -- 1. endlos reden -- 2. *Enrollarse con algo* - sich mit etwas intensiv beschäftigen -- 3. *Enrollarse con alguien* - ein Liebesaffäre mit j-m beginnen -- 4. *Enrollarse bien* - leicht Anschluß finden; redegewandt sein.
D. -- 5. in der Drogenszene verkehren.
enroscarse *pronl*
F. -- sich in sich selbst zurückziehen, sich abkapseln.
ensabanarse *pronl*
F. -- *Ensabanarse con alguien* - mit j-m ins Bett gehen.
entabicar *tr*
V. -- "bumsen".
entalegado, -a *subst*
G. -- Sträfling.
entalegar *tr*
G. -- einlochen, einsperren, ins Gefängnis stecken.
entender *intr*
G. -- homosexuell sein.

enterado, -a *subst* u. *adj*
   F. -- Besserwisser(-in), besserwisserisch.
enterarse *pronl*
   F. -- ¡Te vas a enterar! - du wirst was erleben!
entomizar *intr*
   F. -- onanieren.
entrampillado, -a *adj*
   F. -- eingebildet.
entresijo *m*
   F. -- Gedärme.
entretenida *f*
   F. -- Geliebte.
entromparse *pronl*
   F. -- sich einen Vollrausch antrinken.
entrullar *tr*
   G. -- einlochen, ins Gefängnis stecken.
entubar *tr*
   M. -- bestrafen, unter Arrest stellen.
envainar *tr*
   F. -- *Envainársela* - klein beigeben, einen Rückzieher machen.
equilicuá *adv*
   F. -- Ja, genau!
erizo *m*
   G. -- gefährlicher Sträfling.
esaparrebar *tr*
   F. -- kaputtmachen, zerschlagen.
escabechar *tr*
   F. -- abmurksen; hinschlachten.
escabechina *f*
   F. -- Massaker, Metzelei, Gemetzel.
escachifollarse *pronl*
   F. -- kaputtgehen, zu Bruch gehen.
escampar *intr*
   G. -- ¡Escampa! - verdufte! zieh Leine!
escaparate *m*
   F./M. -- pralle Brüste, "Holz vor der Hütte".
escaque, escaqueo *m*
   F. -- Faulheit, Trägheit.
escaquearse *pronl*
   F. -- 1. faulenzen -- 2. sich drücken.
escoba *f*
   G. -- 1.Komplize, Mittäter -- 2. Razzia.
escogorciar *tr*
   F. -- kaputt machen, zerschlagen.
escogorciarse *pronl*
   F. -- 1. kaputtgehen -- 2. sich kaputt lachen.
escogorcio *m*

F. -- 1. Verwüstung, Zerstörung -- 2. lautes Gelächter.
escolti *m*
   F. -- Katalane.
escoñar *tr*
   F./V. -- kaputt machen, zerschlagen.
escoñarse *pronl*
   F./V. -- 1. kaputtgehen; sich den Hals brechen; zerbrechen, zu Bruch gehen -- 2. sich abrackern.
escopeta *f*
   F. -- Penis, "Schwanz".
escorcería *f*
   F. -- Freßbude.
escorza *f*
   F. -- Schlangenfraß.
escurrirse *pronl*
   V. -- ejakulieren.
esmac *m*
   D. -- Heroin.
esmullar *tr*
   G. -- liquidieren.
esnifar *tr*
   D. -- sniffen.
espabilado, -a *adj*
   F. -- aufgeweckt, gescheit, klug.
espabilar *intr*
   F. -- gescheit/klug werden.
espada *f*
   V. -- 1. Penis, "Schwanz".
   G. -- 2. Dietrich.
espadazo *m*
   V. -- 1. Fick.
   G. -- 2. Vergewaltigung.
espadilla *f* (*siehe* **espada** -- G.)
espadín *m* (*siehe* **espada** -- G.)
espadista *m*
   G. -- 1. Vergewaltiger -- 2. Einbrecher (mit Dietrich).
espandar *tr*
   G. -- einbrechen.
esparrabar *tr*
   G. -- einbrechen.
esparrabo *m*
   G. -- Einbruch.
espárrago *m*
   F. -- Finger.
esparrugado, -a *adj*
   F. -- falsch, heimtückisch; unecht; unrichtig; verräterisch.
espatarrada *f*

F. -- billige Hure.
esperar *tr*
F. -- *De aquí te espero* - beeindruckend, toll.
espich *m*
F. -- Rede; hochtrabende Worte.
espichar *tr*
F. -- *Espicharla* - abkratzen.
espid *m*
D. -- Speed.
espidbol *m*
D. -- Mischung aus Speed und Heroin.
espita *f*
D. -- jede Sorte Droge.
espitoso, -a *adj*
D. -- stimulierend.
espitarse *pronl*
D. -- Rauschgift konsumieren.
espuela *f*
F. -- letztes Glas bei einer Sauftour.
esqueleteador, -a *subst*
F. -- leidenschaftliche(r) Tänzer(-in).
esqueleto *m*
F. -- *Menear (mover) el esqueleto* - tanzen.
estaca *f*
F. -- *Plantar la estaca* - seine Notdurft verrichten, scheißen.
estampita *f*
G. -- *El timo de la estampita* - Betrug mit falschen Geldscheinen.
estanco *m*
G. -- Polizeiwache (der Guardia Civil).
estaña *f*
G. -- (Gefängnis-) Zelle.
estañero *m*
G. -- Gefängniswärter.
estardó *m*
G. -- Gefängnis, Zuchthaus.
estaribel *m* (*siehe* **estardó**)
estática *adj/f*
F. -- frigide.
estático *adj/m*
F. -- impotent.
estar *intr*
F. -- *Estar como quiere* - sehr gut aussehen; sehr sexy sein.
estéreo *m*
D. -- zwei Kilo Haschisch.
estirado, -a *adj*
F. -- stolz, großzügig.
estiva *f*

G. Schlägerei; Tracht Prügel.
estivar *tr*
   G. -- verprügeln, zusammenschlagen.
estopa *f (siehe* **estiva***)*
estrecha *adj/f*
   F. -- zugeknöpft.
estrecho, -a *adj*
   F. -- borniert; reaktionär.
estrella *f*
   F./D. -- 1. Dosis LSD -- 2. *Ver las estrellas* - sich auf einem LSD-Trip befinden.
   G. -- 3. Polizeimarke.
estupa *f*
   G. -- Drogenpolizei.
explicarse *pronl*
   F. -- zahlen, bezahlen.
extranjis *adv*
   F. -- *De extranjis* - heimlich.

F

facha *m*
F. -- Faschist.
fachada *f*
F. -- 1. Gesicht -- 2. *Revocarse la fachada* - sich schminken.
fachoso, -a *adj*
F. -- faschistisch, ausländerfeindlich.
faena *f*
F./V. -- 1. Fick -- 2. *Hacer una faena* - bumsen.
falocracia *f*
F. -- Männerherrschaft.
falopa *f*
D. -- Kokain.
falseras *m/sg*
F. -- falscher Fuffziger, Lügner.
faltar *intr*
F. -- 1. *No faltaría plus* - es versteht sich von selbst, selbstverständlich -- 2. *¡No falte!* - bitte, keine Beleidigung!
faltón, -ona *adj*
F. -- beleidigend; frech, respektlos.
falla *f*
F. -- Spielkarte.
famurria *f*
F. -- Familie.
fanal *m*
F. -- Auge.
fané *adj*
F. -- 1. altmodisch, veraltet -- 2. niedergeschlagen, mutlos.
fanegas *m/sg*
F. -- Dicker.
fanfa *subst* u. *adj*
F. Angeber, Prahler; angeberisch, prahlerisch.
fangar *tr*
G. -- klauen, stehlen, stibitzen.
fangón, -ona *subst* u. *adj*
G. -- Dieb(-in); diebisch.
fangue *m*
G. -- 1. Beute -- 2. *El fangue* - das Klauen.
fantasma *m*
F. -- Angeber, Hochstapler, Maulheld, Prahler.
fantasmear *intr*
F. -- angeben, prahlen.
fantasmero, -a *subst*
F. -- Matador(-in).
faquero *m*

G. -- Messerheld, Messerstecher.
farda *f*
G. -- Kleider; Kleidungsstücke; Wäsche.
fardado, -a *adj*
F./G. -- gut angezogen.
fardar *intr*
F. -- 1. angeben, herumstolzieren; ansehnlich sein, auffällig sein -- 2. *Esto farda mucho* - das zieht alle Blicke auf sich; damit kann man stark angeben.
farde *m*
F. -- 1. Angeberei, Eigenlob -- 2. *Ser un farde* - anziehend sein -- 3. *Tirarse un farde* - angeben, sich selbst loben.
fardón, -ona *adj*
F. -- 1. anziehend, attraktiv, hübsch -- 2. eingebildet -- 3. erfolgreich.
farfolla *f*
F. -- Lüge.
farol *m*
F. -- 1. Bluff, Lüge -- 2. *Tirarse un farol* - bluffen.
farolero *m*
F. -- Bluffer, Lügner.
faros *m/pl*
F. -- (große, schöne) Augen.
farra *f*
F. -- Fete, lärmendes Fest; Saufgelage.
farruco *m*
F. -- 1. Draufgänger -- 2. *Ponerse farruco* – (j-m) die Zähne zeigen.
G. -- 3. Boß, Chef.
fatigador, -a *subst*
F. -- Arbeiter(-in).
fatigar *intr*
F. -- arbeiten, schuften.
fatigo, fatigue *m*
F. -- Arbeit; Arbeitsplatz.
favor *m*
F. -- 1. Fick -- 2. *Estar para hacerle un favor* - einen guten Fick haben.
federico *m*
F. -- Kühlschrank.
feliciano *m*
F. -- 1. Fick --2. *Echar un feliciano* - bumsen, vögeln.
felpudo *m*
V. -- 1. weibliche Schamhaare -- 2. Fotze.
fetén *adj* u. *adv*
F. -- 1. "geil", super, toll -- 2. echt.
fiambre *m*
F. -- Leiche.
fiambrera *f*
F. -- 1. Leichenwagen -- 2. Leichenhaus.
ficha *m*

G. -- vorbestrafter Verbrecher.
fichado, -a *adj*
   F. -- (Polizei) aktenkundig; erkennungsdienstlich erfaßt.
fideo *m*
   F. -- Rotz.
fiera *m/f*
   F. -- Arbeitswütige(r), Draufgänger(-in).
fiesta *f*
   F. -- 1. Fummeln, Schmusen; Bumserei -- 2. *Darse la fiesta* - fummeln, schmusen; bumsen.
fije *m*
   D. -- Drogensucht.
fila *f*
   F. -- 1. (starke) Abneigung, Haß -- 2. *Tener fila a alguien* - j-n nicht ausstehen können, j-n hassen.
   G. -- 3. Falschgeld.
filá *f*
   G. -- Blick.
filar *tr*
   G. -- anstarren; (herum)schauen, Ausschau halten.
filé *m*
   G. -- Wachsamkeit.
filete *m*
   F. -- 1. Fete -- 2. reizvolle Frau -- 3. Schmuserei -- 4. *Darse el filete* - schmusen; "bumsen" --5. *Quedarse filete* - einschlafen.
filfa *f*
   F. -- Fälschung; Betrug.
filó *m*
   G. -- Komplize.
filós *f*
   F. -- 1. Philosophie; Unverfrorenheit -- 2. *Vivir por la filós* - schmarotzen, schnorren.
filosa *f*
   F. -- 1. Gesicht -- 2. Unverfrorenheit, Unverschämtheit.
filosa *m*
   F . -- unverschämter Kerl; Schmarotzer, Schnorrer.
fino *m*
   F. -- 1. sehr trockener Sherry -- 2. *Un fino de cañería* - ein Glas Leitungswasser.
flai *m*
   D. -- Joint.
flai *f*
   F. -- 1. Fliege -- 2. *Por si las flais* - vorsichtshalber.
flamenco, -a *adj*
   F. -- aufdringlich, herausfordernd, aggressiv.
flamenqueras *m/sg*
   F. -- Raufbold.
flaqui *m*
   F. -- 1. Schwäche, Schmerz -- 2. *Estar flaqui* - krank sein.

flauta *f*
   F. -- 1. belegtes Baguette -- 2. Pimmel.
   G. -- 3. Dietrich.
   D. -- 4. Spritze.
flex *m*
   F. -- 1. Pritsche, Bett -- 2. *Hacerse un flex* - eine "Nummer" machen, bumsen.
flic *m*
   D. -- Schuß.
flipar(se) *intr/pronl*
   F. -- 1. Augen machen, (er-)staunen, ausflippen.
   D. -- 2. Rauschgift nehmen, sich mit Drogen berauschen.
flipe *m*
   F. -- 1. Erstaunen, Verblüffung -- 2. *Ser un flipe* - stark beeindruckend sein.
   D. -- 3. Halluzination.
flipero, -a *subst*
   D. -- Drogensüchtige(r), Drogenabhängige(r).
flixo *m*
   D. -- Joint.
floja *adj*
   F. -- *Me la trae floja* - das ist mir völlig wurscht.
flojeras *m/sg*
   F. -- Schlappsack; Schwächling.
flojo *adj*
   F. -- impotent.
flora *f*
   D. -- jede Sorte Rauschgift.
florista *m*
   D. -- Dealer.
flus *m*
   G. -- Zaster.
fogata *f*
   G. -- Ausbruch, Flucht.
fogatas *m*
   G. -- Ausbruchsspezialist.
folio *m*
   F. -- 1. Angeberei, Eigenlob, Einbildung -- 2. *Tirarse el folio* - angeben, prahlen.
folla *f*
   F. -- 1. *¡Ni folla!* - keine Ahnung -- 2. *Tener mala folla* - unsympathisch sein; witzlos sein; boshaft sein.
follable *adj*
   F. -- gut zu "bumsen".
follada *f*
   F. -- Bumserei, Vögelei, Fick.
folla(d)or *m*
   F. -- Vögler, Bumser; Verführer.
folla(d)ora *f*
   F. -- weiblicher Don Juan; Bumserin.

follaje *m*
　F. -- Bumserei, Vögelei.
follapavas *m/sg*
　F. -- Depp, Dummkopf.
follar *tr*
　F. -- bumsen, vögeln.
folletear *tr*
　F. -- häufig bumsen.
folleteo *m* (*siehe* **follaje**)
follón *m*
　F. -- 1. Krach, Lärm, Durcheinander; komplizierte Angelegenheit -- 2. Blähung, Furz -- 3. *Tirarse un follón* - furzen.
follonero, follonista *m*
　F. -- Krachmacher; Streitsüchtiger.
fondelo *m*
　F. -- Taverne; Spelunke.
forasta, forata *m*
　F. -- Fremder, Ausländer.
fornifollar *tr*
　F. -- bumsen, vögeln.
Foro *m*
　F. -- 1. die Haupstadt Madrid -- 2. *Soy del Foro* - ich bin ein Madrider.
forrado, -a *adj*
　F. -- stinkreich, vermögend.
forrarse *pronl*
　F. -- 1. sich bereichern, sich eine goldene Nase verdienen -- 2. *Forrarse (a comer, a beber, etc.)* - sich vollfressen, sich vollsaufen usw.
forrero *m*
　F. -- Tasche, Sack.
forro *m*
　F. -- 1. Hodensack.
　V. -- 2. *Me lo paso por el forro de los cojones/de las pelotas* - das geht mir am Arsch vorbei.
fostiar *tr*
　F. -- zusammenschlagen, verprügeln.
fostión *m*
　F. -- harter Schlag; Ohrfeige.
frac *m*
　G. -- 1. Folter -- 2. *Hacer el frac* - bei einem Verhör foltern.
frasco *m*
　F. -- *¡Toma del frasco, Carrasco!* - da hast du es!, geschieht dir recht!, ätsch!
fregado *m*
　F. -- 1. (wüste) Schlägerei; Streit, Zank -- 2. *Meterse en un fregado* - in eine schwierige Lage geraten, (sich) in Schwierigkeiten stürzen.
freír *tr*
　G. -- durchsieben, durchlöchern; zusammenschießen.
frito, -a *adj*

F. -- 1. *Estar frito de sueño* - vor Müdigkeit umfallen -- 2. *Quedarse frito* - auf der Stelle tot sein -- 3. *Traer/tener frito a alguien* - j-n stark belästigen, j-m stark zusetzen.
D. -- 4. *Estar frito* - unter Entzugserscheinungen leiden.

frusa *f*
G. -- Angst, Furcht.

frusero, -a *adj*
G. -- ängstlich, furchtsam.

fudre *m*
F. -- Trunkenbold, Besoffener.

fuelle *m*
F. -- Stärke; Widerstandskraft.

fuerza *f*
G. -- Brecheisen.

fuga *f*
G. -- Feuer, Lagerfeuer.

fugarata *f*
G. -- aufflackerndes Feuer.

ful *adj/m*
F. -- 1. falsch, gefälscht.
G. -- 2. falscher Polizist.
D. -- 3. nicht marokkanisches Haschisch.

fula *f*
G. -- 1. Presse -- 2. Lüge.

fulai *subst*
G. -- Journalist(-in).

fulana *f*
F. -- Hure; Geliebte.

fulano *m*
F. -- Individuum, Subjekt; Geliebter.

fulastra *subst*
G. -- 1. Lüge, Betrug -- 2. Journalist(-in) -- 3. minderwertiges, mit Kamelkot verschnittenes Haschisch.

fulero, -a *adj*
F. -- lügnerisch, verlogen; angeberisch.

fumada *f*
G. -- vergewaltigte Frau.

fumado, -a *adj*
D. -- berauscht (v. Haschisch oder Marihuana).

fumata *f*
D. -- in einer Gruppe kiffen.

fumata *m/f*
D. -- Kiffer(-in).

fumeque *m*
D. -- Kiffen.

fumeta *m/f* (siehe **fumata** *m/f*)

fumeteo *m*
G. -- 1. Prostitution.

D. -- 2. Kiffen.
funda *f*
   F.-- 1. "Gummi", "Pariser".
   V. -- 2. Hodensack.
fundir *tr*
   F. -- verschwenden.
funguelar *intr*
   G. -- stinken.
funguelo *m*
   G. -- Gestank.
fusca *f*
   G. -- Anzeige, Tip; Verrat.
fuscar *tr*
   G. -- anzeigen, verraten, "singen".
fusco *m*
   G. -- Pistole, Revolver.
fuscón *m*
   G. -- Petzer, Verräter.
fusible *m*
   F. -- Brille.
fusibles *m/pl*
   F. -- 1. Neuronen -- 2. *Fundirse los fusibles* -- durchdrehen.
fusil *m*
   M. -- *Limpiar el fusil* - bumsen, vögeln.
fusilar *tr*
   F. -- plagiieren, abschreiben.

G

gabardina *f*
F. -- "Gummi", "Pariser".
gabeta *f*
G. -- 1. Stielpfanne, Kochtopf -- 2. Gefängniskost.
gacha *f*
G. -- Erbrochenes.
gachi *m*
G. -- Dorf, Stadtviertel.
gachí *f*
F. -- Weib, steiler Zahn.
gachó *m*
F. -- 1. Kerl -- 2. Liebhaber.
G. -- 3. Zuhälter.
gacholi *m*
F. -- 1. Nächster, Mitmensch -- 2. *El gacholi* - ich selbst.
gachón *m*
F. -- 1. Kerl, Mann.
G. -- 2. Ausländer; Tourist.
gachona *f*
G. -- tolles Weib.
gafado, -a *adj* u. *subst*
F. -- von Unglück verfolgt, Pechvogel.
gafar *tr*
F. -- (j-m) Unglück bringen.
gagá *adj*
F. -- 1. vertrottelt -- 2. *Estar gagá* - faseln; spinnen; ein Tattergreis sein.
gaita *f*
G. -- Brieftasche.
galafate *m*
G. -- Stellvertreter.
galápago *m*
F. -- 1. Dieb -- 2. Tattergreis -- 3. *Tener más conchas que un galápago* – mit allen Wassern gewaschen sein.
galdulfo, -a *adj*
F. -- dreckig, schmutzig; schäbig.
galgo *m*
G. -- junger, unerfahrener Polizist.
galipa *f*
G. -- Hunger.
galipo *m*
F. -- Schleim, Auswurf, Spucke.
galopar *intr*
D. -- Heroin konsumieren.
galope *m*

galufo, -a *adj*
    D. -- Heroinrausch.
galufo, -a *adj*
    G. -- marokkanisch, arabisch.
gallarda *f*
    F./V. -- 1. Onanie -- 2. *Hacerse una gallarda* - onanieren, sich einen 'runterholen.
galleta *f*
    G. -- 1. Polizeimarke -- 2. Zaster.
gallina *f*
    F. -- 1. junges Mädchen -- 2. *Cantar a alguien la gallina* – j-m die Meinung gehörig sagen, j-n rügen.
    G. -- Braut einer Gang von Jugendlichen.
gamba *f*
    F. -- 1. große und schlanke Frau -- 2. Bein -- 3. *Meter la gamba* - ins Fettnäpfchen treten.
    G. -- 4. Hundert-Peseten-Schein.
gambear *intr*
    F. -- spazieren, laufen.
gambosear *tr/intr*
    F. -- beleidigen; sich daneben benehmen.
gamboso, -a *adj*
    F. -- tolpatschig.
ganado *m*
    F. -- 1. Leute; Menge -- 2. Frauen -- 3. Ansammlung von Prostituierten.
gancho *m*
    F. -- 1. Anziehungskraft; Biß -- 2. *Tener gancho* – anziehend/reizend sein; Biß haben; Sexappeal haben.
    G. -- 3. Komplize, Mittäter.
ganja *f*
    D. -- Marihuana.
ganso *subst*
    F. -- großer Mensch, "lange Latte/Stange".
gañote *m*
    F. -- 1. Hals -- 2. *Ir de gañote* - schmarotzen; schnorren.
gao *m*
    G. -- Laus.
gara *f*
    G. -- Bahnhof.
garbear *intr*
    F. -- bummeln, spazieren.
garbeo *m*
    F. -- 1. Bummel, Spaziergang -- 2. *Darse un garbeo* - bummeln, einen Spaziergang machen.
garbeta *f*
    G. -- Regenmantel.
garbito *m*
    G. -- Weste.
garitero *m*
    G. -- Komplize, Mittäter; Hehler.

garito *m*
G. -- 1. Haus -- 2. Versteck; konspirative Wohnung -- 3. Spelunke.
garlitero *m*
G. -- Justizvollzugsbeamter, Gefängniswärter.
garlito *m*
G. -- Gefängnis, Zuchthaus.
garlochí *m*
G. -- 1. Herz -- 2. Kummer, Leid, Trauer.
garra *f*
F. -- 1. Anziehungskraft; Biß -- 2. *Tener garra* - anziehend/reizvoll sein; Biß haben.
garrocha *f*
G. -- Folter.
garrochear *tr*
G. -- foltern.
garrote *m*
V./F. -- Penis, Schwanz, "Prügel".
garrulo *m*
F. -- Dörfler; Tölpel.
gasofa *f*
G. -- Benzin.
gasofas *m/sg*
G. -- Tankwart.
gasofería *f*
G. -- Tankstelle.
gasola *f* (*siehe* **gasofa**)
gatera *f*
F. -- *La Gatera* - Madrid.
gatillazo *m*
F. -- 1. plötzliche und vorübergehende Impotenz -- 2. *Pegar gatillazo* - während des Koitus die Manneskraft verlieren.
gato *m*
F. -- 1. Madrider -- 2. Abneigung; Haß -- 3. *Tener gato a alguien* - j-n hassen.
gaveta *f*
G. -- Gefängniskost.
gayola *f*
G. -- 1. Onanie -- 2. *Hacerse una gayola* - onanieren, wichsen, sich einen 'runterholen.
gayumbas *f/pl*
F. -- Höschen, Schlüpfer.
gayumbos *m/pl*
F. -- Unterhose, lange Unterhose, Liebestöter.
gazapo *m*
F. -- 1. Embryo, Fötus -- 2. Betrug.
gemelos *m/pl*
G. -- 1. Zweierstreife (der *Guardia Civil*, *Policía Municipal* oder *Policía Nacional*) -- 2. Handschellen.
gibar *tr*
F. -- belästigen.

gibón *m*
   D. -- Dealer, Kleindealer.
gil *adj*
   F. -- blöd, dämlich.
gilar *intr*
   G. -- 1. furzen -- 2. Unsinn reden; angeben.
gilarse *pronl*
   F.-- 1. bemerken -- 2. *No te gilas* - du merkst aber auch nichts.
gili *adj (siehe* **gil**)
gilipollada *f*
   F. -- Quatsch, Blödsinn, Unsinn.
gilipollas *m/sg*
   F. -- dumm am fünften Glied, Arschloch.
gilipollesco, -a *adj*
   F. -- unsinnig, absurd, blöde.
gilipollez *f*
   F. -- 1. Quatsch, Blödsinn, Unsinn -- 2. *Hacer una gilipollez* -- Mist/Scheiße bauen.
gilipuertas *adj/sg*
   F. -- blöd, dämlich.
gilón *m*
   G. -- Spieler.
gilorio, -a *adj (siehe* **gil**)
ginesito *m*
   F. -- Klassenprimus; Klugscheißer.
giñar *tr/intr*
   V. -- scheißen.
girar *intr*
   G. -- übel riechen, stinken.
globo *m*
   F. -- 1. Ärger, Wut, Wutanfall -- 2. *Coger un globo* - einen Wutanfall bekommen.
   V. -- 3. Präservativ, "Gummi", "Pariser".
   D. -- 4. Drogenrausch.
gloria *f*
   D. -- Marihuana.
godo, -a *subst* u. *adj*
   F. -- (Kanarische Inseln) Spanier(-in) vom Festland.
gol *m*
   F. -- 1. Lüge -- 2. *Meter un gol a alguien* - j-n reinlegen.
golfarai, golfarra *m*
   F. -- unverschämter Kerl; Ganove, Strolch.
golfarra *f*
   F. -- Hure, Nutte.
golferas *m/sg*
   F. -- unverschämter Kerl; Gauner; Strolch, Windhund.
golondro *m*
   G. -- 1. Polizist, Bulle -- 2. Nachtwächter.
golpe *m*

F. -- 1. Coup; Raubüberfall -- 2. *A golpe de alpargata/de calcetín* - zu Fuß -- 3. *No dar ni golpe* - faulenzen.
goma *f*
    F. -- 1. "Gummi", "Pariser", Präservativ.
    D. -- 2. erstklassiges Haschisch.
gomas *m/sg*
    G. -- 1. Auto, Wagen -- 2. uniformierter Polizist.
gomazo *m*
    G. -- Autounfall; Zusammenstoß.
gomero, -a *subst*
    D. -- (Haschisch) Kiffer(-in).
gori *m*
    G. -- 1. Streit, Zank -- 2. Lärm, Krach, Pfeifen, Sausen.
gorra *m*
    F. -- 1. Schnorrer -- 2. *Dar un golpe de gorra* - schnorren -- 3. *Vivir de gorra* - auf Kosten anderer leben -- 4. *Ir de gorra* - schnorren.
gorro *m*
    F. -- Präservativ, Verhüterli, "Pariser".
gota *f*
    D. -- flüssiges LSD.
gotear *intr*
    V. -- geil sein.
goyo *m*
    G. -- Transvestit.
grajo *m*
    G. -- Pfarrer, Priester.
granaína *f*
    F. -- Rausch.
grillado, -a *adj*
    F. -- verrückt.
grilladura *f*
    F. -- Verrücktheit, Marotte.
grillarse *pronl*
    F. -- verrückt werden.
grillera *f*
    G. -- Grüne Minna.
grillos *m/pl*
    F. -- Handschellen.
gris *m*
    F. -- 1. Saukälte -- 2. *Hace un gris* - es ist saukalt -- 3. Bereitschaftspolizist während der Franco-Diktatur.
gristapo *f*
    F. -- Bereitschaftspolizei der Franco-Diktatur.
grupi *f*
    F. -- Rocker-Braut.
guaca *f*
    D. -- Joint.

guacho *m*
　F. -- Kleinkind, Baby.
guaje *m*
　F. -- 1. Junge -- 2. Strolch.
gualdrapón *m*
　F. -- zerlumpter Mann.
gualtrapa *m*
　F. -- Bettler.
guaperas *m/sg*
　F. --Schönling; Playboy, Geck.
guarra *f*
　F. -- Dirne, billige Hure, Nutte.
guarreta *f*
　F. -- Schlampe.
guarrón *m*
　F. -- 1. falscher Fuchziger, Sau, Schwein -- 2. älterer, schmieriger Homosexueller, Tunte.
guarrona *f* (*siehe* **guarra**)
guay *adj/adv*
　F. -- 1. toll, "geil", super -- 2. *Guay del Paraguay* - "echt geil".
guayaba *f*
　F. -- hübsches Mädchen.
guayabo *m*
　F. -- Jüngling.
guerra *f*
　F. -- *Pedir/querer guerra* - sexuell provozieren.
güevazos *m/sg*
　F. -- 1. Schlappschwanz, Waschlappen -- 2. Phlegmatiker.
güevo *m* (*siehe* **cojón**)
güevón *m* (*siehe* **güevazos**)
guil *m*
　F. -- Geld, Zaster.
guilar *tr*
　F. -- sehen.
guillado, -a *adj*
　F. -- verrückt.
guillarse *pronl*
　F. -- 1. fliehen, abhauen -- 2. *Guillárselas* - sich aus dem Staub machen.
guinda *m*
　F. -- Dieb.
guindar *tr*
　F. -- stehlen, klauen, stibitzen.
guinde *m*
　F. -- 1. Diebstahl -- 2. Trick.
guindilla *m*
　F. -- Stadtpolizist.
guindo *m*
　F. -- Elternhaus.

guindón *m*
F. -- 1. Dieb -- 2. Bankier, Kapitalist; Wucherer.
guindoneo *m*
F. -- 1. Diebstahl -- 2. Vetternwirtschaft, Filz, Korruption.
guipar *tr*
F. -- sehen.
guiri *subst*
F. -- Ausländer(-in); Tourist(-in).
guita *f*
F. -- Geld, Zaster.
güito *m*
F. -- 1. kahlgeschorener Kopf -- 2. Hut -- 3. (*siehe* **cojón**)
guma *f*
F. -- 1. Henne -- 2. junges Mädchen.
gumia *f*
F. -- Dirne, Hure.
gura *f*
G. -- 1. Recht, Gerechtigkeit; Justiz -- 2. *La Gura* - das Gericht.
guri *m*
F. -- Stadtpolizist.
guripa *m*
F. -- 1. Stadtpolizist -- 2. Bettler.
guro, -a *subst*
G. -- Richter(-in).
gurón *m*
G. -- Gefängniswärter.
guronda *m*
G. – Nachtwächter.
gurriato, -a *adj*
F. -- naiv.
gurruño *m*
F. -- 1. Klumpen -- 2. Zerknittertes, Zerknülltes -- 3. Hingekritzeltes.
gusa *f*
F. -- Hunger.
gusanillo *m*
F. -- 1. Gewissensbissen -- 2. Neugierde -- 3. Hunger -- 4. *Matar el gusanillo* - den Hunger stillen.
gusto *m*
F./V. -- *Correrse de gusto* - einen Riesenspaß haben, (etwas) sehr intensiv genießen, einen Orgamus (bei etwas) bekommen

H

haba *f*
   V. -- 1. Penis, "Schwanz" -- 2. Eichel -- 3. *¡Tócame el haba!* - leck mich am Arsch! -- 4.*Tonto (d)el haba* - Arschloch.
habitante *m*
   F. -- Laus.
hacer *tr*
   F. -- 1. *Hacérselo/sabérselo hacer* - sich gut durchschlagen, zurechtkommen -- 2. *Hacérselo en plan de* - herumlaufen als -- 3. *Hacérselo con alguien* - mit j-m schlafen.
   G. -- 4. *Hacerse algo* - stehlen, klauen, mitgehen lassen.
hacha *f*
   F. -- Erfolgsmensch, "As".
harina *f*
   F. -- 1. Geld, Zaster.
   D. -- 2. Kokain; Heroin.
hebrar *intr*
   F. -- schwätzen, schwafeln, quasseln, klatschen.
hebreo *m*
   F. -- *Jurar en hebreo* - fürchterlich schimpfen, schimpfen wie ein Rohrspatz.
hermanas *f/pl*
   G. -- Handschellen.
hermano *m*
   F. -- 1. Penis -- 2. *Hermano pequeño* - Pimmel.
hero *f*
   D. -- Heroin.
herramienta *f*
   F. -- 1. Penis, "Schwanz".
   G. -- 2. Feuerwaffe.
hiena *f*
   G. -- Bankier; Blutsauger, Wucherer.
hierba *f*
   D. -- Marihuana.
hierro *m*
   F. -- 1. Penis, "Schwanz".
   G. -- 2. Schießeisen; Revolver mit abgesägtem Lauf -- 3. Brechstange.
higo *m*
   V. -- Fotze, Möse.
hijoputa *m*
   V. -- Hurensohn, Scheißkerl, Schuft.
hijoputada *f*
   V. -- böser Streich, Schweinerei.
hincar *tr*
   F. -- 1. *Hincarla* - sterben, abkratzen.
   V. -- 2. *Hincarla* - bumsen, vögeln.
hincha *f*

F. -- 1. Abneigung -- 2. *Tener hincha a alguien* - j-n nicht ausstehen können.
S. -- 3. (*m*) Anhänger, Fan.
hinchar *tr*
   F. -- belästigen, auf den Wecker fallen.
historieta *f*
   F. -- Lüge.
hormiga *f*
   D. -- kleiner Drogenschmuggler; Kleindealer.
horno *m*
   G. -- Strafzelle.
hortera *adj*
   F. -- vulgär; kitschig.
horterada *f*
   F. -- Vulgarität; Kitsch.
hosti *interj*
   F./V. -- nanu!, verdammt!
hostia *f*
   V. -- 1. Faustschlag -- 2. kräftiger Schlag; Zusammenstoß, Aufprall -- 3. *Dar una hostia* - eine runterhauen -- 4. *Darse una hostia* - hinfallen, stürzen; zusammenstoßen -- 5. *A toda hostia* - sehr schnell, mit rasender Geschwindigkeit -- 6. *De la hostia* - ausgezeichnet, super -- 7. *De mala hostia* - wütend -- 8. *¡Me cago en la hostia!* - Himmel, Arsch und Wolkenbruch! -- 9. *¡Hostias!* -- herrgott nochmal!, das ist aber ein Ding! -- 10. *¡Ni hostia!* - keine Rede!, Schluß damit! -- 11. *No haber más hostias (que)* - es bleibt nichts übrig (als) -- 12. *¡No hay hostias que valgan!* - keine Widerrede!, keine faulen Ausreden! -- 13. *¿Qué hostias...?* - was zum Teufel...? -- 14. *¿Dónde hostias...?* - wo zum Teufel...? -- 15. *Repartir hostias* - Schläge austeilen, prügeln -- 16. *Salir echando/cagando hostias* - schnellstens die Flucht ergreifen, wie ein Blitz davon sausen -- 17. *Tener mala hostia* - sehr schlecht gelaunt sein, wütend sein; einen üblen Charakter haben.
hostiar *tr*
   V. -- schlagen, verprügeln.
hostiazo *m*
   V. -- heftiger Schlag, kräftiger Faustschlag.
hostión *m* (*siehe* **hostiazo**)
hotel *m*
   G. -- 1. Gefängnis, Knast -- 2. *Hotel Rejas* - Gefängnis, Zuchthaus, Knast.
hueca *f*
   G. -- Homo, Schwuler.
huecona *f*
   G. -- Schwuchtel.
huerto *m*
   F. -- 1. Bordellzimmer, Bumsbude -- 2. *Llevar al huerto a alguien* - j-n reinlegen; j-n zum Sexualverkehr überreden.
huevada *f*
   F./V. -- 1. Hoden -- 2. Blödsinn -- 3. große Menge.
huevazos *m/sg* (*siehe* **güevazos**)
huevera *f*
   F./V. -- 1. Hodensack -- 2. Suspensorium.

huevo *m* (*siehe auch* **cojón**)
    F. -- 1. *A huevo* – sehr günstig -- 2. *Poner a huevo algo* - etwas sehr leicht machen -- 3. *A puro huevo* - mit großer Anstrengung, mühevoll -- 4. *Costar un huevo (y la yema del otro)* - sündhaft teuer sein -- 5. *Poner un huevo* - angeben, übertreiben; nichts Neues sagen -- 6. *Saber un huevo* - viel wissen; sehr gebildet sein.
    V. -- 7. *Caérsele a uno los huevos al suelo* - den Mut verlieren, entgeistert sein -- 8. *¡Chúpame un huevo!* - leck mich am Arsch! -- 9. *Con huevos* - sehr mutig -- 10. *(...) de tres pares de huevos* - super, ausgezeichnet; riesengroß -- 11. *Dejar los huevos en casa* - demütig sein, sich fügen, gehorchen -- 12. *(...) de los huevos* - verflucht, Scheiß -- 13. *Un trabajo de los huevos* - eine Scheißarbeit -- 14. *Poner los huevos sobre la mesa* - auf den Tisch hauen -- 15. *Tener huevos* - mutig sein, tapfer sein; unverschämt sein; phlegmatisch sein -- 16. *¡Tiene huevos la cosa!* - das ist ein Ding!

huevón *m* (*siehe* **güevón**)

húmeda *f*
    F. -- Zunge.

humo *m*
    G. -- 1. Flucht.
    D. -- 2. Haschisch.

hurón *m*
    F. -- Chef, Boß.

hurona *f*
    F. -- Hure, Nutte.

husma *f*
    G. -- Polizei, Schmiere, Polente.

igualadora *f*
F. -- Tod, "Freund Hein".
iguales *m/pl*
F. -- 1. Scheine der span. Blindenlotterie.
G. -- 2. Zweierstreife der Guardia Civil.
impermeable *m*
F. -- Präservativ, "Gummi", "Pariser".
indio *m*
F. -- *Hacer el indio* - sich dumm benehmen; sich lächerlich machen.
infarto *m*
F. -- *De infarto* - erstaunlich, enorm, super.
inflar *tr*
F. -- verprügeln, zusammenschlagen.
inflagaitas *m/sg*
F. -- Blödmann, Depp.
ingresón, -a *adj*
G. -- naiv, leichtgläubig.
instantánea *f*
F. -- Dirne, Prostituierte.
invento *m*
F. -- 1. Einfall -- 2. Angelegenheit -- 3. Geschäft -- 4. Vorrichtung, Gerät.
F./V. -- 5. *Se jodió el invento* - es ist aus, das ist im Eimer.
ir *intr*
F. -- 1. *¿De qué vas?* - was willst du?, was hast du eigentlich vor? -- 2. *Ir dado* - schlecht dran sein, nichts zu lachen haben -- 3. *Ir de cráneo/de culo* - sich in Zeitnot befinden; etwas kaum schaffen; es sehr schwer haben -- 4. *Va que arde* - das genügt vollkommen -- 5. *Va que chuta* - das haut hin; das genügt vollkommen.
irse *pronl*
F. -- 1. ejakulieren -- 2. *Irse de vareta* - Durchfall bekommen.
isidro *m*
F. -- Provinzler (in Madrid).
izquierdoso, -a *subst*
F. -- 1. Linke(r), Rote(r) -- 2. Salonlinke(r).

J

ja *f*
  G. -- Frau, Weib, Freundin.
jabonero, -a *subst*
  F. -- Schmeichler(-in), Speichellecker(-in), Kriecher(-in).
jaca *f*
  F. -- prächtiges Weib.
jaco *m*
  D. -- Heroin.
jai *f (siehe* **ja)**
jai *m*
  G. -- Araber; Nordafrikaner.
jaimitada *f*
  F. -- Kinderstreich; kindliche Blödelei.
jaimito *m*
  F. -- (Spanien) klein Fritzchen, klein Moritz; unartiges, naseweises Kind.
jala *f*
  G. -- Essen, Fressen.
jalador, -a *subst*
  F. -- Vielfraß.
jalancia *f*
  G. -- 1. Essen, Fressen -- 2. Gewinn bei betrügerischen Glückspielen.
jalandria *f (siehe* **jala)**
jalar *tr*
  F. -- essen, fressen.
jaleo *m*
  F. -- 1. Lärm, Krach.
  F./G. -- 2. Fick -- 3. Prostitution.
jalón *m*
  G. -- Ruck; Zerren.
jalonero *m*
  G. -- Krimineller, der Handtaschen ihren Besitzern durch einen plötzlichen Ruck entreißt.
jalufa *f*
  G. -- Hunger.
jalufo *m*
  G. -- 1. Schweinefleisch -- 2. Essen, Fressen.
jalufo, -a *adj*
  G. -- schweinisch, dreckig, schmierig.
jama *f*
  G. -- 1. Essen, Fressen -- 2. Schmuggel.
jamancia *f*
  F. -- Essen, Fressen.
jamar *tr/pronl*
  F. -- essen, fressen.
jamás *adv*

F. -- *Jamás de los jamases* - nie im Leben.
jamba *f*
    G. -- Geliebte.
jambo *m*
    G. -- Mann, Kerl.
jamón *m*
    F. -- *¡Y un jamón!* - kommt nicht in die Tüte!
jamona *f*
    F. -- dicke Frau.
jamones *m/pl*
    F. -- "Reithosen" (Fettansammlung an den Oberschenkeln der Frau).
janró *m*
    G. -- Messer.
jarabe *m*
    F. -- 1. Arzt, Doktor -- 2. *Jarabe de palo* - Prügel.
jarales *m/pl*
    G. -- Hosen.
jardín *m*
    G. -- Klo.
jari *m*
    G. -- Streit; Prügelei, Schlägerei.
jaula *f*
    F. -- Gefängnis, Knast.
jebe *m*
    G. -- 1. Arsch -- 2. *Dar por el jebe* - sodomisieren; in den Arsch ficken.
jeró *f*
    G. -- 1. Visage -- 2. *Tener jeró* - unverschämt sein -- 3. *Por la jeró* - gratis, umsonst.
jeta *f*
    F. -- 1. Visage -- 2. Schnauze.
jeta *m*
    F. -- 1. Gauner, Ganove; Schnorrer -- 2. *Ser un jeta* - unverschämt sein, unverfroren sein.
jibia *f*
    F. -- Schwuler.
jibiona *f*
    F. -- Tunte.
jichu *m*
    G. -- 1. Bewohner eines Elendsviertels -- 2. armer Zigeuner.
jifar *tr*
    G. -- 1. ermorden, abmurksen, um die Ecke bringen, kaltmachen.
jinda(ma) *f*
    G. -- Angst, Schiß.
jiña *f* (*siehe* **jinda**)
jiñadero *m*
    F. -- Klo.
jiñado, -a *adj*
    F. -- 1. feige, verängstigt -- 2. *Estar jiñado* - großen Schiß haben.
jiñar *tr*

F. -- scheißen.
jiñarse *pronl*
    F. -- 1. sich in die Hosen machen -- 2. großen Schiß bekommen.
jippi *m/f*
    F. -- Hippie.
jipiar *tr*
    G. -- sehen, beobachten.
¡jo! *interj*
    F. -- na!, verdammt!, so was!
¡jobar! *interj*
    F. -- verdammt noch mal!
joder *tr*
    F./V. -- 1. *¡A joderse (tocan)!* - man muß sich halt damit abfinden!, man muß es halt hinnehmen -- 2. *¡Hay que joderse!* - das ist ein starkes Stück!, das ist ein Hammer! -- 3. *¡Joder!* - verdammt nochmal! Scheiße! -- 4. *Joder la marrana* - belästigen, lästig sein, auf den Wecker fallen; schikanieren -- 5. *Joder vivo a alguien* - j-n fertig machen, j-n total erledigen -- 6. *¡Jódete y baila!* - geschieht dir recht!, ätsch! -- 7. *¡Te jodes!* - geschieht dir recht!, du tust mir/uns nicht leid!, fick dich ins Knie! -- 8. *No jodas que incomodas* - laß mich/uns verdammt in Ruhe! -- 9. *¡Nos ha jodido!* - so ein Quatsch!, hör auf mit dem Blödsinn!; da haben wir die Bescherung! -- 10. *¿No te jode?* - ist das nicht zum Kotzen?, das ist das Letzte! -- 11. *Se jodió el invento* - nun ist alles aus, nun ist alles im Eimer.
    V. -- 12. bumsen, ficken, vögeln.
jodido, -a *adj*
    F./V. -- 1. verdammt, verflucht, verflixt -- 2. sehr kompliziert, verzwickt -- 3. boshaft -- 4. lästig, sehr unangenehm -- 5. *Estar jodido* - kaputt sein.
jodienda *f*
    F./V.-- 1. Bumserei -- 2. Belästigung, Plackerei, Schinderei -- 3. Ärger -- 4. *¡Es una jodienda!* - das ist sehr ärgerlich!, das ist höchst unangenehm!; das ist eine große Schinderei!
join *m*
    D. -- Joint.
jolín (jolines) *interj*
    F. -- nanu, verflixt.
jopé *interj* (*siehe* **jolín**)
jopo *m*
    F. -- Hintern, Popo.
¡joroba! *interj*
    F. -- Nanu!, so ein Ding!; verflixt!
jorobar *tr*
    F. -- 1. belästigen, auf den Wecker fallen -- 2. kaputtmachen.
jorobarse *pronl*
    F. -- 1. schiefgehen, kaputtgehen, scheitern -- 2. etwas protestlos hinnehmen, sich mit etwas abfinden, alles über sich ergehen lassen -- 3. *¡Hay que jorobarse!* - das ist ein starkes Stück!, so ein Pech! -- 4. *¡No jorobes!* - ach, geh weg!, laß mich in Ruhe!
judas *m/sg*
    G. -- Überwachungskamera im Gefängnis.

jugar *tr*
    F. -- 1. schmusen, sich im Bett lieben -- 2. *Jugársela (a alguien)* - (j-n) hereinlegen; den Ehepartner betrügen.
jula *m*
    G. -- 1. Einfaltspinsel, Anfänger, Depp -- 2. Schwuler.
julai *m*
    G. -- Dummkopf; Opfer (eines Diebstahls oder Betrugs).
julandra *m (siehe* **jula)**
julandrón *m*
    G. -- 1. Angeber; Blödmann -- 2. Schwuler.
julay *m (siehe* **jula)**
julepe *m*
    F. -- 1. Prügel -- 2. Mut, Tapferkeit.
jumar *intr*
    F. -- stinken.
jumear, jumelar *intr (siehe* **jumar)**
jumo *m*
    G. -- Faustschlag.
junar *tr*
    G. -- sehen.
jundo *m*
    G. -- Beamter der Guardia Civil.
jundoná *f*
    G. -- Personalausweis.
junduná *f*
    G. -- die Guardia Civil.
jundunares *m/pl*
    G. -- Beamte der Guardia Civil.
junelar *tr (siehe* **junar)**
jupata *f*
    G. -- Joppe, Lederjacke; Jacke.
jupe *m (siehe* **julepe)**
jurdó *m*
    G. -- Geld, Zaster.
jurdós *m/pl*
    G. -- Vermögen.
juzgado *m*
    F. -- 1. *Ser de juzgado de guardia* - sehr schlimm sein -- 2. *Es de juzgado de guardia* - mit ihm/ihr ist nicht gut Kirschen essen.
    J. -- 3. *juzgado de guardia* - Eilgericht; Eilrichter

K

kaffi *m*
　G. -- prominter Sträfling; Sträfling mit Beziehungen.
kan *m*
　G. -- Chef, Boß.
kantri *f*
　D. -- synthetische Droge.
kea *f*
　G. -- Scheiße.
kel *m*
　G. -- Haus, Heim.
kíe *m*
　G./M. -- 1. Kamerad, Kumpel, Kollege -- 2. Legionär -- 3. Kapo einer Knast-Mafia.
kíen *m*
　G. -- Komplize, Mittäter.
kíes *m*
　M. -- Jargon der Legionäre.
kifi *m*
　D. -- Haschisch.
kiki *m*
　F. -- 1. schneller Fick -- 2. *Echar un kiki* - einen Quicky machen.
kil *m*
　G. -- Penis, Schwanz.
kilar *tr*
　G. -- bumsen, ficken, vögeln.
kilate *subst/m* u. *adj*
　F. -- 1. Penis -- 2. echt, verläßlich, zuverlässig, treu, loyal -- 3. *De kilate* - ganz echt.
　G. -- 4. Fick.
kileo *m*
　G. -- Hurerei, Prostitution; Fickerei.
kilo *m*
　G. -- eine Million Peseten.
kina *f*
　G. -- Regenmantel.
kinita *f*
　D. -- mit Haschisch gefülltes Papierröllchen.
kiro, -a *adj*
　G. -- geschickt, gewandt.
kuroi *m*
　G. -- Hintern, Arsch.

L

lacha *f*
F. -- Scham.
lacroi *f*
G. -- Geliebte.
ladilla *f*
G. -- lästiger Mensch, Nervensäge.
ladrillo *m*
F. -- 1. Langweiler -- 2. Schwarte.
D. -- 3. Portion Haschisch (über 250 Gr.)
lagarta *f*
F. -- 1. Luder -- 2. Dirne.
lagarto *m*
G. -- Beamter der Guardia Civil.
lameculos *m/sg*
F. -- Arschlecker, Arschkriecher.
lamida *f*
V. -- Cunnilingus; Fellatio.
lampar *intr*
F. -- betteln.
langui *adj*
G. -- lahm, hinkend, humpelnd.
lanzado, -a *adj*
F. -- mutig; draufgängerisch, stürmisch.
lañar *tr*
G. -- stehlen, klauen, stiebitzen.
lapicero *m*
F. -- Penis, Pimmel.
lapo *m*
F. -- Auswurf, Schleim.
largador, -a *subst*
F. – Redner(-in).
largar *intr/tr*
F. -- 1. schwätzen, schwafeln, quasseln -- 2. lästern -- 3. entlassen, kündigen, (j-m) den Laufpaß geben.
largarse *pronl*
F. -- abhauen, verduften.
largo, -a *adj*
F. -- geistreich, scharfsinnig.
largón, -ona *subst*
F. -- Schwätzer(-in); Lügner(-in); Lästermaul.
lata *f*
F. -- 1. Kleingeld, Kupfergeld, Münzen -- 2. Belästigung, Plage -- 3. *Dar la lata a alguien* - j-m auf den Geist gehen.
latigazo *m*

F. -- Schluck Alkohol.
látigo *m*
   F. -- Penis, Schwanz.
lavandería *f*
   G. -- Geldwäsche-Firma.
lavandero, -a *subst*
   G. -- Geldwäscher(-in).
laya *f*
   G. -- Juwel, Schmuck.
lea *f*
   F. -- Hure, Dirne, Nutte.
leandra *f*
   F. -- Pesete.
leche *f*
   F. -- 1. Schlag; Faustschlag; Ohrfeige -- 2. Sturz -- 3. Dummheit, Quatsch. F./V. -- 4. *A toda leche, cagando leches* - sehr schnell, geschwind -- 5. *Darse/pegarse una leche* - hinfallen, stürzen, zusammenprallen, zusammenstoßen -- 6. *... de la leche* - verdammt, verflucht -- 7. *¡Es la leche!* - das ist unmöglich!, das ist die Höhe!, das ist zum Kotzen!; er/sie ist ein Original! -- 8. *¡Leche(s)!* - verdammt noch mal! -- 9. *¡La leche (puta)!* - Scheißdreck! -- 10. *Mala leche* - Boshaftigkeit; üble Laune -- 11. *Estar de mala leche* - boshaft sein; üble Laune haben -- 12. *Con mala leche* - mit böser Absicht -- 13. *Ponerse de mala leche* - böse werden, stocksauer werden -- 14. *¡Me cago en la leche!* - verdammte Scheiße! -- 15. *¡Por la leche que mamé!* - das schwöre ich dir/euch! -- 16. *¿Qué leches...?* - was zum Teufel...? -- 17. *¿Qué leches dices?* - was sagst du da für einen Quatsch? -- 18. *¡Y una leche!* - kommt nicht in Frage!, kommt nicht in die Tüte! V. -- 19. Samenflüssigkeit.
lechera *f*
   G. -- die grüne Minna.
lechuga *f*
   F. – Tausend-Peseten-Schein.
lefa *f*
   F./V. -- Samenflüssigkeit.
lefotas *m/sg*
   F./V. -- Wichser.
lefotear *intr*
   F./V. -- onanieren, wichsen.
legal adj
   F. -- 1. ehrlich, zuverlässig -- 2. angenehm, nett.
   G. -- 3. polizeilich noch nicht erfaßt.
legalidad *f*
   F. -- Ehrlichkeit, Tugend.
legaña *f*
   F. -- 1. Pesete -- 2. *Soltar las legañas* - blechen.
legítima *f*
   F. -- Ehefrau.
lejía *f*
   M. -- Legionär.

lelar *tr*
G. -- in Kaufhäusern stehlen.
lengua *f*
F. -- 1. Krawatte -- 2. *Darle a la lengua* - schwätzen, schwafeln, quasseln, klatschen.
lenteja *f*
F. -- 1. Kontaktlinse -- 2. Dosis LSD.
V. -- 3. Klitoris.
leña *f*
F. -- 1. Geld, Zaster, Kohle -- 2. *Soltar la leña* - blechen -- 3. Tracht Prügel; psychologische Folter -- 4. *Leña al mono (hasta que hable inglés)* - immer feste drauf!, schlag zu!
leñazo *m*
F. -- 1. harter Schlag; Zusammenstoß -- 2. Schluck Schnaps.
leñera *f*
G. -- die grüne Minna.
¡leñe! *interj*
F. -- verdammt noch mal!
leñero *m*
S. -- harter Fußballer.
leño *m*
F. -- 1. Holzkopf; Lümmel, Flegel.
G. -- 2. Polizist, Bulle.
león *m*
G. -- 1. präparierter Würfel -- 2. Hausmeister(-in).
leona *f*
F. -- 1. Dirne -- 2. Sexbombe.
levantar *tr*
G. -- klauen, stehlen; rauben.
liamba *f*
D. -- afrikanisches Haschisch.
liar *tr*
F. -- 1. durcheinander bringen; Krach machen -- 2. *Liarla* - einen Streit/eine Schlägerei vom Zaun brechen.
libanés *m*
D. -- Haschisch aus Libanon.
libra *f*
G. -- 1. Hundert-Peseten-Münze -- 2. Erbrechen; Erbrochenes -- 3. *Devolver la libra* - erbrechen, sich übergeben; ausspeien.
D. -- 4. Tafel Haschisch.
licoreta *f*
F. -- alkoholische Getränke.
licha, liche *f*
G. -- Straße.
liendre *f*
G. -- Pesete.
liga *f*
G. -- Beute.

ligar *tr*
    F. -- 1. anbändeln, anmachen -- 2. *Ligarse a alguien* - j-n erobern.
    G. -- 3. festnehmen, verhaften -- 4. *Ligarla* - eine Strafe absitzen -- 5. organisieren, klauen, stehlen.
    D. -- 6. Rauschgift kaufen.
ligón, -ona *subst*
    F. -- Anbändler(-in), Anmacher(-in).
ligue *m*
    F. -- 1. vorübergehende Liebesaffäre, kurze Liebschaft -- 2. Gelegenheitsfreund(-in) -- 3. schnelle Eroberung -- 4. Anmache.
lila, lilaila *adj* u. *subst*
    F. -- 1. dumm, blöde, naiv -- 2. homosexuell.
    G. -- 3. Opfer eines Diebstahls oder eines Betrugs.
lilón *m*
    G. -- Verrückter, Dummkopf, Idiot.
lima *f*
    G. -- Hemd.
limaraza *f*
    G. -- Schwuler.
limo *m*
    G. -- Damenhandtasche.
limones *m/pl*
    F. -- Busen eines Mädchens.
limpia *m*
    F. -- Schuhputzer.
limpiar *tr*
    F. -- klauen, stehlen, mitgehen lassen.
limpio, -a *adj*
    G. -- nicht vorbestraft.
línea *f*
    D. -- Reihe Kokain zum Schniffen.
lingotazo *m*
    F. -- Schluck Schnaps.
lío *m*
    F. -- 1. Verhältnis, Liebesaffäre, Liaison -- 2. Geliebte(r).
lique *m*
    F. -- 1. Fußtritt -- 2. Strafe, Folter -- 3. Kündigung -- 4. *Dar el lique* - kündigen, entlassen -- 5. *Darse el lique* - abhauen.
lirio *m*
    F. -- Dummkopf, Blödmann, Depp.
lisa *adj*
    F. -- flachbusig, "aus Mönchengladbach".
listillo, -a *subst*
    F. -- Schlauberger(-in); Besserwisser(-in).
listón, -ona *subst* (*siehe* **listillo, -a**)
listorro, -a *subst* (*siehe* **listillo, -a**)
litri *adj*

F. -- angeberisch, eingebildet, geckenhaft.
litro *m*
    G. -- 1. alkoholisches Getränk -- 2. *Darle al litro* - sich besaufen.
litrona *f*
    F. -- Ein-Liter-Bierflasche.
loba *f*
    F. -- 1. Hure, Nutte -- 2. tolles Weib.
lobo *m*
    G. -- Vorlegeschloß, Sicherheitsschloß.
loca *f*
    F. -- Schwuler, Tunte.
locatis *adj*
    F. -- verrückt, plemplem.
loco *m*
    F. -- Feuerzeug.
loma *f*
    G. -- Hand, Pfote.
loncha *f*
    G. -- Ohr.
lonchas *adj*
    G. -- *Estar lonchas* - stocktaub sein.
longaniza *f*
    F./V. -- Penis, "Schwanz".
longui *m*
    F. -- 1. Feigling, Angsthase -- 2. *Hacerse el longui(s)* - sich dumm stellen, sich drücken, "mein Name ist Hase".
loquear *intr*
    F. -- sich als Schwuler aufdrängen.
loro *m*
    F. -- 1. häßlicher Mann; häßliche Frau -- 2. Transistor, Kofferradio, Radiokassette; Stereo-Anlage -- 3. *Estar al loro* - aufpassen, im Bilde sein, Bescheid wissen.
lote *m*
    F. -- 1. Schmuserei, Fummelei -- 2. *Pegarse el lote* - heftig schmusen.
lúa *f*
    G. -- Pesete.
lumi *f*
    G. -- Hure, Nutte.
lumiasca *f*
    G. -- 1. Hure, Nutte -- 2. Gruppe von Prostituierten.

llaco, -a *adj*
   G. -- 1. böse; schädlich -- 2. feige -- 3. heuchlerisch; verräterisch.
llanta *f*
   F. -- 1. Krawatte -- 2. Schuhsohle.
llavín *m*
   F. -- Pimmel, "Zipfel".
llenarse *pronl*
   F. -- sich volllaufen lassen.
lleno, -a *adj*
   F. -- betrunken, besoffen.
llorera *f*
   F. -- Verzweiflung, Mutlosigkeit.
llueco, -a *adj*
   F. -- geil, brünstig.

M

macaco *m*
  G. -- 1. Zuhälter -- 2. Polizist.
macandono, -a *adj*
  G. -- stolz, arrogant, hochmütig.
macarra *adj* u. *subst*
  F. -- 1. vulgär, geschmacklos, ordinär, plump -- 2. Zuhälter -- 3. Schläger.
macarreo *m*
  F. -- Zuhälterei.
macarrón *m*
  F. -- 1. Zuhälter.
  D. -- 2. Ader, Vene -- 3. *Castigarse el macarrón* - sich Heroin spritzen.
maciza *f*
  F. -- attraktives Weib.
macizo *m*
  F. -- attraktiver Kerl, Prachtkerl.
maco *m*
  G. -- 1. Knast.
  M. -- 2. Arrestzelle.
macutazo *m*
  F. -- Gerücht
macuto *m*
  F. -- 1. Buckel -- 2. *Radio Macuto* - Radio Eriwan.
  G. -- 3. Knast.
machaca *m*
  F. -- 1. Muskelprotz.
  G. -- 2. Leibwächter.
  M. -- 3. Assistent eines Feldwebels; Schützling eines Unteroffiziers.
  S. -- 4. Gewichtheber.
machacante *m*
  F. -- Fünf-Peseten-Münze.
machacar *tr*
  F. -- 1. schlagen, verprügeln, zusammenschlagen -- 2. hart zusetzen -- 3. *¡No me machaques!* - laß mich endlich in Ruhe! -- 4. ständig wiederholen.
  F./V. -- 5. *Por mí como si te la machacas* - das ist mir scheißegal!
machacarse *pronl*
  F. -- 1. sich selbst kaputt machen (durch Alkohol, Drogen usw.).
  V. -- 2. *machacársela* - onanieren, wichsen.
  S. -- 3. trainieren.
machacón, -ona *adj*
  F. -- aufdringlich; sich ständig wiederholend.
machada *f*
  F. -- Angeberei, Prahlerei; Macho-Gehabe.
machaque *m*
  F. -- 1. Tracht Prügel -- 2. psychologische Folter -- 3. Polizeistreife.

S. -- 4. Training.
machete *m*
　F. -- Kumpel, Freund.
machito *m*
　F. -- 1. Podium -- 2. *Estar en el machito* - regieren; befehlen.
macho *m*
　F. -- 1. Schnürsenkel -- 2. *Atarse los machos* - sich aufraffen, sich zusammenreißen.
machorra *f*
　F. -- Lesbierin.
madaleno, -a *subst*
　G. -- Geheimpolizist(-in); Zivilpolizist(-in).
madam *f/m*
　F. -- 1. Puffmutter.
　G. -- 2. Geheimpolizei; Zivilpolizei -- 3. Zivilpolizist(-in).
madera *f*
　G. -- Polizei, Polente, Schmiere.
madero *m*
　G. -- Polizist, Bulle.
madraza *f*
　G. -- passiver Schwuler, Tunte.
madre *f*
　F./V. -- 1. *De puta madre* - ausgezeichnet, prima, super, "geil" -- 2. *¡La madre que te parió!* - du, verrückter Kerl!; du, Scheißkerl! -- 3. *Mentar a la madre* - wüst beschimpfen -- 4. *¡Mi madre!* - so ein Ding!, das ist aber stark! -- 5. *¡Su madre!* - verfluchter Kerl/verfluchtes Weibstück!
　G. -- (*siehe* **madraza**)
Madrid
　F. -- *¡Pareces de Madrid!* - Tür zu!
Madriles *m/pl*
　F. -- Madrid.
magdaleno, -a *subst* (*siehe* **madaleno, -a**)
magrear *tr*
　F. -- befummeln.
magreo *m*
　F. -- Fummelei.
magué *m*
　G. -- Penis, "Schwanz".
mai *m*
　D. --Joint.
majara *subst*
　F. -- 1. Verrückte(r), Spinner(-in) -- 2. *Estar majara* - verrückt sein, spinnen.
majareta *subst* (*siehe* **majara**)
majarón, -ona *subst* (*siehe* **majara**)
malaje *adj*
　F. -- 1. fade, langweilig -- 2. boshaft.
malasombra *subst*

F. -- 1. plumper, lästiger Mensch -- 2. fader, witzloser Mensch -- 3. boshafter Mensch. -- 4. Spielverderber -- 5. Pechvogel.
malaúva *subst*
F. -- gemeiner Kerl; böses Weib.
maleta *m*
F. -- ungeschickt, unfähig.
maletilla *m*
F. -- Stierkämpfer; Stierkampflehrling.
malnacido, -a *adj*
F. -- gemein, schurkisch.
malvas *f/pl*
F. -- *Criar malvas* - tot sein, unter der Erde liegen, die Radieschen von unten betrachten.
mamada *f*
V. -- Fellatio, Cunnilingus, Oralsex.
mamado, -a *adj*
F. -- betrunken, besoffen.
mamar *tr*
F. -- 1. saufen -- 2. mühelos Geld verdienen; schnorren.
F./V. -- 3. abkriegen -- 4. *Mamarse una leche* - eine Ohrfeige, einen Schlag verpaßt bekommen.
mamellas *f/pl*
F./V. -- Titten.
mamón *m*
F./V. -- 1. Arschloch, Schweinehund -- 2. Schnorrer, Parasit.
V. -- 3. Schwanzlutscher.
G. -- 4. Spitzel.
mamporrero *m*
F. -- 1. der f. andere die Dreckarbeit macht; der im Auftrag e-n Dritten schädigt/in Mißkredit bringt; schmutziger "Handlanger".
V. -- 2. Wichser (an sich selbst oder an e-m anderen Mann).
mamuchi *f*
F. -- Mutti.
manazas *m/sg*
F. -- ungeschickter Mensch, Tolpatsch.
manca *f*
G. -- die linke Seite.
mandado, -a *subst*
F. -- Untergebene(r)
mandamás *subst/sg*
F. -- Chef(-in); Machthaber(-in).
mandanga *f*
D. -- Haschisch.
mandangas *f/pl*
F. -- Geschichten; Mätzchen.
mandanguero, -a *subst*
D. -- Kiffer(-in).
manduca *f*

F. -- Essen.
manduquela *f* (*siehe* **manduca**)
manejo *m*
   G. -- Schwarzhandel mit Devisen.
manfla *f*
   G. -- Hure, Nutte.
manflor(it)a *m*
   G. -- Schwuler.
mangancia *f*
   F. -- Gaunerei; Korruption, Filz.
mangante *m*
   F. -- Ganove, Gauner; Dieb; Schieber.
mangar *tr*
   F. -- 1. stehlen, klauen.
   G. -- 2. betteln.
mangas *m/sg*
   G. -- Bettler.
mango *m*
   F. -- Penis.
mangón, -ona *subst*
   G. -- Bettler(-in); Mitleid erhaschend.
mangonear *intr*
   F. -- 1. mitmischen.
   G. -- 2. schmarotzen, schnorren, betteln.
mangoneo *m*
   F. -- 1. Vetternwirtschaft, Filz, Korruption -- 2. willkürliches Schalten und Walten.
   G. -- 3. Betrug.
mangue *m* (*siehe* **mangoneo**)
mangui *m*
   G. -- 1. Krimineller, Taschendieb -- 2. falscher Hund; Windhund -- 3. Fälschung.
manguito(s) *m/(pl)*
   G. -- Handschellen.
mangurino *m*
   G. -- Bettler, der in Abfallbehältern und Mülleimern herumstöbert.
mangurriño *m*
   G. – 1. Krimineller, Verbrecher; Dieb -- 2. Denunziant, Verräter.
mangurro, -a *adj*
   G. -- pervers, verdorben.
manguta *m* (*siehe* **mangurriño**)
mangutear *tr*
   G. -- 1. betteln -- 2. stehlen, klauen.
manilargo *m*
   F. -- 1. Langfinger -- 2. Grabscher.
manitas *subst/sg*
   F. -- geschickter Mensch.
manitas *f/pl*
   F. – *Hacer manitas* - Händchen halten.

mano *f*
    F. -- 1. Tracht Prügel -- 2. *Dar una mano de tortas* - eine Tracht Prügel verabreichen -- 3. Einfluß -- 4. *Tener mano* - Einfluß haben -- 5. *Meter mano* - fummeln, grabschen.
manobrero *m*
    F. -- Arbeiter, Handwerker.
mano(p)la *f*
    F./V. -- 1. Onanie.
    D. -- 2. Spritze.
mansear *intr*
    G. -- schlafen, pennen.
manso *m*
    G. -- Matratze.
manta *m*
    F. -- 1. Faulenzer, fauler Hund -- 2. *A manta* - jede Menge, viel -- 3. *Tirar de la manta* - alles enthüllen, alles auffliegen lassen.
manteca *f*
    G. -- 1. Geld, Zaster, Kohle.
    D. -- 2. Rauschgift.
manual *m*
    F./V. -- Onanie.
manuela *f* (*siehe* **manual**)
manús *m*
    G. -- Mensch, Mann, Typ, Unbekannter.
manusa *f*
    G. -- Weib.
manzanilla *f*
    D. -- Marihuana.
mañaco *m*
    F. -- Kind, Bub, Knirps, Bengel.
maño, -a *subst u. adj*
    F. -- aus Aragonien.
mapamundi *m*
    F. -- Hintern, Popo.
maquearse *pronl*
    F. -- sich schminken.
maqueo *m*
    F. -- Putz, Schminke.
maqueto, -a *subst u. adj*
    F. -- (im Baskenland) Zugereiste(r) aus anderen Teilen Spaniens.
máquina *f*
    D. -- 1. Spritze.
    M. -- 2. Maschinengewehr.
    S. -- 3. Motorrad.
maquinilla *f*
    D. -- Spritze.
mara *f*
    G. -- Menschenmenge.

marador, -a *subst*
 G. -- Mörder(-in).
maraña *f*
 F. -- 1. Durcheinander; Schlägerei -- 2. Gesindel.
marao *m*
 G. -- Abgemurkster, Toter, Leiche, Mordopfer.
marar *tr*
 G. -- 1. umbringen, ermorden -- 2. foltern.
marcar *tr*
 F. -- 1. angeben.
 G. -- 2. beschatten; (j-m) dicht auf den Fersen bleiben.
marcha *f*
 F. -- 1. Lebensfreude, Schwung, Begeisterung, Drang; Trubel -- 2. *Aquí siempre hay marcha* - hier ist immer was los -- 3. *Le va la marcha* - der/die ist immer auf Draht; der/die ist immer für Sex oder Drogen zu haben -- 4. *Tener marcha* - Schwung haben, unternehmungslustig sein -- 5. psychologische Folter; Sadomasochismus, Sadomaso -- 6. *Le va la marcha* - der/die ist masochistisch veranlagt.
 F./V. -- 7. *Apearse en marcha* - den Beischlaf vor der Ejakulation unterbrechen.
marchando *interj*
 F. -- gleich, sofort.
marchosa *f*
 D. -- Kokain.
marchoso, -a *adj*
 F. -- 1. lebensfroh, unternehmungslustig, schwungvoll -- 2. sexbesessen; masochistisch.
marcianito *m* (*dim*)
 F. -- *Juego de marcianitos* - Gameboy.
marear *tr*
 F. -- j-m auf die Nerven gehen, nerven; verwirren.
maría *f*
 F. -- 1. Frau -- 2. (Andalusien) Anrede unter Freundinnen.
 G. -- 3. Geldschrank, Safe.
 D. -- 4. Marihuana.
maribén *f*
 G. -- Tod.
marica *m*
 F. -- Homo, Schwuler.
maricón *m*
 F. -- 1. Homosexueller, Schwuler -- 2. Scheißkerl, Schweinehund.
maricona *f* (*siehe* **marica**)
mariconada *f*
 F./V. -- 1. schwulerhaftes Verhalten -- 2. Hundsgemeinheit -- 3. Albernheit, Dummheit, Blödsinn.
mariconear *tr*
 F. -- mit Homosexuellen verkehren.
mariconeo *m*
 F. -- sexuelle Beziehungen zwischen Schwulen.
mariconería *f*

F. -- 1. Ansammlung von Homosexuellen -- 2. (*siehe* **mariconada**)
marimacho *f*
F. -- 1. Mannweib -- 2. Lesbe, die die Rolle des Mannes spielt.
mariposa *f*
F. -- Homosexueller.
mariposón *m* (*siehe* **mariposa**)
mariquita *f*
G. -- Geldschrank, Safe.
mariquita *m*
F. -- Homosexueller.
marisco *m*
G. -- 1. Beute.
V. -- 2. Fotze, Möse.
marisquero *m*
G. -- Dieb.
marmota *f*
F. -- Dienstmädchen.
maromo *m*
F. -- 1. "Typ" -- 2. Freund, Geliebter, Verlobter.
marrajo *m*
G. -- Riegel, Schubriegel.
marrana *f*
F. -- 1. Schlampe; Drecksau.
F./V. -- 2. *Joder la marrana* - belästigen, Schaden anrichten -- 3. *¡Se jodió la marrana!* - alles ist im Arsch!
G. -- 4. alte Hure.
marrocata *m*
D. -- Haschisch aus Marokko.
marrón *m*
G. -- 1. Problem, Ärger, Belastung -- 2. Strafprozeß -- 3. Strafe, Strafurteil -- 4. *Comerse el marrón* - ein Schuldbekenntnis ablegen; eine Strafe absitzen; es ausbaden müssen -- 5. Diebesgut.
marronazo *m*
G. -- 1. Höchststrafe, lebenslängliche Freiheitsstrafe -- 2. großer Fehler.
maruja *f*
F. -- 1. Hausfrau -- 2. Klatschtante -- 3. (Andalusien) Anrede unter Freundinnen.
marujo *m*
F. -- weibischer Homosexueller.
masca *m*
G. -- Anführer, Chef.
mascada *f*
F./V. -- *Devolver la mascada* - erbrechen, sich übergeben.
mascado, -a *adj/adv*
F. -- 1. superleicht -- 2. *Está mascado* - das ist ein Kinderspiel -- 3. offensichtlich, offenbar.
maseluca *f*
G. -- Spielkarte.

masoca *subst*
　Masochist(-in), Maso.
matado, -a *adj*
　F. -- 1. todmüde -- 2. verarmt, ruiniert.
matarile *m*
　G. -- Leiche; Mordopfer.
material *m*
　F. -- 1. Frauen -- 2. die Dirnen in einem Bordell.
　V. -- 3. Penis, Schwanz.
　D. -- 4. Droge.
matraca *f*
　G. -- polizeiliches Kennzeichen; Nummernschild.
matrícula *f*
　G. -- Alter.
matraco, -a *subst*
　F. -- (in Aragonien) Zugereiste(r) aus anderen Teilen Spaniens.
matu *f*
　G. -- Mutter.
matuquel *m*
　G. -- Bruder.
matuquela *f*
　G. -- Schwester.
matusa *subst*
　F. -- uralter Mensch.
mazas *f/pl*
　F. -- Bizeps.
mazas *m/sg*
　F. -- kräftiger Mann, Muskelprotz.
meapilas *m/sg*
　F. -- Betbruder; Kuttenbrunzer.
mear *intr/tr*
　F. -- 1. *Mear a alguien* - j-n anpinkeln -- 2. *Mearse de miedo* - vor Angst zittern -- 3. *Mearse de risa* - sich krumm lachen -- 4. *Mear torcido* - Pech haben -- 5. *Pillar meando* - überraschen, erwischen -- 6. *¡Es para mear y no echar gota!* - das ist das Letzte!, das ist unerhört!
meblé *m*
　F. -- Bordell.
meco *m*
　F. -- Schlag, Faustschlag.
mecha *f*
　G. -- Diebstahl in einem Warenhaus.
mechero, -a *subst*
　G. -- Warenhausdieb(-in).
medea *f*
　D. -- Liebesdroge, synthetische Droge.
mediopolvo *m*
　F. -- klapperdürrer Mensch; Schwächling.

melón m
F. -- 1. Kopf, "Birne" -- 2. *Apretarse el melón* - das Hirn anstrengen, nachdenken, grübeln -- 3. Dummkopf, Depp -- 4. *Melones* - große Brüste.
melón, -ona adj
F. -- starrköpfig, stur.
melopea f
F. -- Rausch, "Affe".
membrillo m
G. -- 1. Spitzel -- 2. Bauer, Dörfler.
menda m
F. -- 1. Mensch -- 2. *El menda/mi menda* - ich -- 3. *El menda lerenda* - ich selbst.
mendrugo m
F. -- 1. Hohlkopf, Dummkopf -- 2. Bauer, Dörfler.
menduqui m
G. -- Fremder, Ausländer.
mené adv
F. -- aber nein!
menear tr
F. -- 1. ... *de no te menees* - außergewöhnlich; riesengroß.
V. -- 2. *Meneársela* - onanieren, sich einen runterholen, sich einen von der Palme schütteln -- 3. *¡Me la meneas!* - leck mich am Arsch!, du kannst mich!
meneo m
F. -- 1. Tracht Prügel.
V. -- 2. Vögelei.
mengue m
G. -- Gespenst.
mensaca m
F. -- Bote.
meódromo m
F. -- Pissoir.
meón, -ona subst u. adj
F. -- 1. Bettnässer(-in), Pinkler(-in) -- 2. Kind, Dreikäsehoch -- 3. ängstlich, feige.
merca f
D. -- Drogen, Stoff.
mercancía f (siehe **merca**)
G. – Beute.
mercar tr
F. -- 1. verkaufen, erhandeln -- 2. tauschen.
G. -- 3. stehlen, klauen.
mercha f
G. -- Diebstahl; Unterschlagung.
merchante m
G. -- Dieb.
merchar tr
G. -- stehlen, klauen.
merchero m
G. -- 1. Landstreicher; Hausierer; Strolch -- 2. Argot der Landstreicher.

merengar *tr*
F. -- belästigen.
merengue *m*
F. -- 1. dufte Biene.
S. -- 2. Spieler der Fußballmannschaft Real Madrid -- 3. Anhänger des Real Madrid.
merengue *adj/adv*
F. -- dufte, prima, super.
mesca *f*
D. -- Mescalin
meta *f*
D. -- Metadon.
metepatas *m/sg*
F. -- Stoffel, Tolpatsch, Trampeltier, "Elefant im Porzellanladen".
meter *tr*
F. -- 1. *A todo meter* - geschwind, mit großem Karacho, volle Pulle.
F./V. -- 2. *¡Métetelo donde te quepa!* - steck es dir in den Hintern!
V. -- 3. *Meterla (en caliente)* - bumsen.
metralla *f*
D. -- Drogen, Stoff.
miau *interj*
von wegen!, kommt nicht in Frage!
mico, -a *adj*
F. -- 1. klein, winzig -- 2. minderjähriger Straftäter.
microbio *m*
F. -- kleines Kind, Dreikäsehoch.
micropunto *m*
D. -- winziger Tropfen LSD.
michelín *m*
F. -- Faltenbauch.
michelines *m/pl*
F. -- Speckfalten.
miedica *m/f*
F. -- Angsthase.
mieditis *f*
F. -- Schiß.
miedo *m*
F. -- 1. *De miedo* - ausgezeichnet, prima, super; riesengroß -- 2. *Una tía de miedo* - eine dufte Biene -- 3. *Hace un frío de miedo* - es ist saukalt.
mierda *f*
F. -- 1. Scheiße -- 2. Rausch -- 3. *Coger una mierda* – sich einen Rausch antrinken -- 4. (*m*) Scheißkerl; Schwein, Sau -- 5. (*m*) Feigling; Niete.
D. -- 6. Haschisch.
mierdecilla *m/f*
F. -- Schwächling.
mierdica *adj*
F. -- ängstlich, feige.
mierdoso, -a *adj*

F. -- Scheiß-
mili *f*
   F. -- 1. Erfahrung -- 2. *Tener mucha mili* - es faustdick hinter den Ohren haben.
   M. -- 3. Militärdienst, Barras.
militroncho *m*
   M. -- Soldat.
milonga *f*
   F. -- Lüge, Betrug.
milrayas *m/sg*
   F. -- Anzug.
minga *f*
   F. -- Penis, Pimmel.
minina *f*
   F. -- Penis eines Kindes, "Zipfelchen".
miranda *m*
   F. -- 1. Voyeur, Spanner.
   G. -- 2. Wächter.
mirar *tr*
   F. -- 1. *Mirar para otro lado* - wegschauen -- 2. *¡Mira que!* - so ein Pech!, das ist aber schade! -- 3. *¡Mira que tú!* - du hast gut reden! -- 4. *¡Mira tú por donde!* - schau her!, so ein Zufall!
mirlo *m*
   F. -- 1. Zunge -- 2. *Achantar el mirlo* - sich auf die Zunge beißen, den Mund halten -- 3. unerfahrener, naiver Mensch; Einfaltspinsel.
mistongo, -a *adj*
   F. -- ärmlich, elend.
mixto *m*
   F. -- Streich-/Zündholz.
moco *m*
   F. -- 1. Angeberei, Prahlerei -- 2. *Tirarse el moco* - angeben, prahlen -- 3. Rausch.
mochador *m*
   G. -- Fälscher.
mochar *tr*
   G. -- fälschen.
mochila *f*
   F. -- Buckel.
mocho *m*
   F. -- Bodenwischer, Mop -- 2. *Pasar el mocho* - putzen.
mochos *f/sg*
   F. -- Putzfrau.
mochuelo *m*
   F. -- 1. häßlicher Mensch -- 2. schlafloser Mensch -- 3. Problem, Schwierigkeit -- 4. *Cargar con el mochuelo* - es ausbaden müssen.
mogollón *m/adv*
   F. -- 1. große Menge; Menschenmasse -- 2. sehr viel, riesig -- 3. *Divertirse mogollón* - einen Riesenspaß haben -- 4. Durcheinander, Krach -- 5. *Se armó el mogollón* - da krachte es, da ging der Krach los.

mojá *f*
    G. -- Messerstich.
mojada *f*
    F. -- Zunge.
mojama *f*
    G. -- Geld, Zaster, Kohle.
mojamé *m*
    F. -- Nordafrikaner.
mojar *tr*
    F. -- 1. verwickeln, kompromittieren.
    F. /V. -- 2. *mojarla* - bumsen, vögeln.
mojarra *f*
    F. -- 1. Zunge -- 2. Gerücht, Geschwätz.
mojarrero, -a *subst*
    F. -- Schwätzer(-in), Lästermaul.
mojarrón, -a *subst* (*siehe* **mojarrero, -a**)
moje *m*
    F. -- Verwicklung; Mittäterschaft.
mojón *m*
    F. -- 1. Haufen Kot, "Kaktus" -- 2. *¡Y un mojón!* - nichts da!, kommt nicht in die Tüte!
mol *m*
    F. -- Wein.
mola *f*
    F. -- 1. einverstanden!, OK -- 2. Gefallen, Freude, Vergnügen.
molar *intr*
    F. -- 1. antörnen, gefallen; positiv auffallen, anziehend sein; total auf etwas abfahren -- 2. *Me mola* - das törnt mich an -- 3. *Mola mogollón* - das ist "super geil"! -- 4. *No molar* - abtörnen; schief gehen.
mollas *f/pl*
    F. -- Bizeps.
mollate *m*
    F. -- Wein.
momio *m*
    F. -- 1. Greis, Grufti -- 2. Reaktionär -- 3. Langweiler.
mona *f*
    F. -- 1. Rausch -- 2. *Mandar a freír monas* - zum Teufel schicken.
monda *f*
    F. -- 1. *¡Es la monda!* - das ist die Höhe! -- 2. *¡La monda lironda!* - die Höhe!, der Gipfel!
mondarse *pronl*
    F. -- sich schief lachen.
mondongo *m*
    F. -- 1. Gedärm, Eingeweide -- 2. *Rascarse el mondongo* - untätig zusehen; nichts tun, faulenzen.
moni(s) *m*
    F. -- Moneten, Geld, Zaster.
mono *m*

D. -- 1. Entzugserscheinungen -- 2. *Estar con el mono* - unter Entzugserscheinungen leiden.
monqui *m (siehe* **mono***)*
monstruo *m*
    G. -- 1. Müllwagen.
    M. -- 2. Rekrut.
montaje *m*
    F. -- Machenschaft; Lüge.
montarse *pronl*
    F. -- 1. sich bereichen, reich werden, sich eine goldene Nase verdienen -- 2. organisieren -- 3. *Montárselo bien* - alles gut schaffen, gut zurecht kommen; sich gut arrangieren, sich ein schönes Leben machen -- 4. *Montárselo con alguien* - mit j-m eine kurze Liebesaffäre eingehen.
moña *f*
    F. -- 1. Rausch -- 2. weiblicher Homosexueller, Tunte.
moñi *m (siehe* **moña***)*
moñigo *m*
    F. -- 1. Kacke, Kot -- 2. Rausch -- 3. *Agarrar un moñigo* - sich einen Rausch antrinken.
moño *m*
    F. -- *Estar hasta el moño de algo* - etwas satt haben, von etwas die Nase voll haben.
mora *f*
    F. -- Freundin, Geliebte.
morado, -a *adj*
    F. -- 1. besoffen; vollgefressen --2. *Ponerse morado* - sich volllaufen lassen, sich voll fressen -- 3. verprügelt, übel zugerichtet -- 4. *Poner morado a alguien* - j-n grün und blau schlagen.
moralina *f*
    F. -- 1. Moralin; aufdringlich belehrende Moral -- 2. Moralpredigt.
morbo *m*
    F. -- 1.Sensationslust, Sensationslüsternheit; Nervenkitzel; Lust am Makabren -- 2. *Tener morbo* - sehr pikant sein; ein Nervenkitzel sein.
morcilla *f*
    F. -- 1. Penis, Schwanz.
    F./G. -- 2. vergiftete Blutwurst gegen Wachhunde -- 3. *¡Que te den morcilla* - hau ab!, verrecke!
morcillona *adj*
    F./V. -- *Tenerla morcillona* - einen schlaffen Penis haben.
morder *tr*
    F. -- 1. küssen, schmusen.
    G. -- 2. wiedererkennen, identifizieren.
mordida *f*
    F. – 1. Habgier -- 2. Bestechung, Schmiergeld.
morfa *f*
    D. -- Morphin
morfi *f (siehe* **morfa***)*
morirse *f*

F. -- 1. *Que te mueres* - phantastisch, toll, prima, super, Spitze -- 2. *Una comida que te mueres* - ein ganz tolles Essen.

moro *m*
F. -- 1. Marokkaner -- 2. *Bajarse al moro* - nach Marokko fahren (um dort Haschisch zu kaufen).

morralla *f*
F. -- 1. Gesindel -- 2. Lüge, List, Betrug.

morrear *tr*
F. -- abküssen, abknutschen.

morreo *m*
F. -- Küsserei, Knutscherei.

morro *m*
F. -- 1. Lippe, Mund, Schnauze -- 2. *Comerse el morro* - sich abknutschen -- 3. *Pegar en los morros* - aufs Maul schlagen -- 4. *Refregar (algo a alguien) por los morros* - (j-m etwas) unter der Nase reiben -- 5. *Torcer el morro* - schmollen.
F. -- 6. Frechheit, Unverfrorenheit -- 7. *Tener morro* - eine große Schnauze haben -- 8. *Tener (mucho) morro* - (sehr) frech/unverschämt/unverfroren sein -- 9. *¡Tiene un morro que se lo pisa!* - der/die ist ganz frech, unverschämt, unverfroren!

morrocotudo, -a *adj*
F. -- phantastisch, super, Spitze.

morterada *f*
G. -- ein Haufen Geld.

mosca *f*
F. -- 1. Geld, Zaster, Kohle -- 2. *Soltar la mosca* - zahlen, blechen -- 3. Verdacht, Zweifel -- 4. *Estar mosca* - argwöhnen, mißtrauisch sein; Zweifel hegen.

mosquear *tr*
F. -- 1. mißtrauisch machen -- 2. verärgern -- 3. einschüchtern.

mosquearse *pronl*
F. -- 1. Verdacht schöpfen -- 2. wütend werden -- 3. Angst bekommen.

mosqueo *m*
F. -- 1. Argwohn, Verdacht, Zweifel -- 2. Ärger, Wut -- 3. Angst.

motero *m*
F. -- Motorrad-Fan.

motoraca *m*
F. -- Polizist (auf Motorrad).

movida *f*
F. -- 1. Fest, Trubel; Schwung -- 2. kontrakulturelle Bewegung in Madrid nach dem Tode Francos.

movidón *m*
F. -- große Gaudi, tolles Treiben.

muermo *m*
F. -- 1. Langweiler, lästiger Mensch -- 2. langweiliges Zeug -- 3. lästige Angelegenheit.
D. -- 4. Schläfrigkeit, Mattigkeit; Depression.

muerte *f*
F. -- 1. *De muerte* - phantastisch, ausgezeichnet, prima, super -- 2. *Una mujer de muerte* - eine ganz tolle Frau.

muerto *m*

F. -- 1. plumper, lästiger Mensch; Nervensäge -- 2. nervtötende, langweilige Arbeit -- 3. Problem, Schwierigkeit -- 4. *Cargar con el muerto* - es ausbaden müssen -- 5. *Pasarse el muerto* - sich gegenseitig den schwarzen Peter zuschieben -- 6. schweres Strafurteil -- 7. *Caerle el muerto a alguien* - zu einer langen Freiheitsstrafe verurteilt werden.
D. -- 8. Joint-Kippe.
muí *f* (*siehe* **muy**)
mujera *f*
G. -- Eheweib.
mují *f*
G. -- 1. Weib -- 2. Tod.
mula *f*
D. -- Drogenschmuggler(-in).
mulabar *tr*
G. -- umbringen, abmurksen, kaltmachen.
mulé *m*
G. -- Toter, Leiche; Mordopfer.
muleta *f*
G. -- Zeitung oder anderer Gegenstand, hinter dem sich der Taschendieb versteckt.
mullado, -a *subst*
G. -- Mordopfer, Leiche.
mullar *tr*
G. -- ermorden, abmurksen, kaltmachen.
mullazo *m*
G. -- Messerstich im/in den Bauch.
mullir *tr*
F. -- *mullir a palos* - windelweich schlagen.
muslá *f*
F. -- (weibliche) Schenkel.
muslamen *m* (*siehe* **muslá**)
muy *f*
G. -- 1. Zunge; Maul -- 2. *Achantar la muy* - sich auf die Zunge beißen, das Maul halten -- 3. *Darle a la muy* - schwätzen, schwafeln, quasseln, quatschen -- 4. *Irse de la muy* - sich verplappern.

N

nabo *m*
V. -- Penis, Schwanz.
nacedero *m*
F. -- Geburtsklinik.
nadadera *f*
F. -- Schwimmbecken.
naja *f*
G. -- 1. Lauf, Flucht -- 2. *Salir de naja* - fliehen, abhauen, sich aus dem Staub machen.
najador *m*
G. -- 1. Läufer -- 2. Wagen.
najarse *pronl*
G. -- fliehen, abhauen, verduften.
naje *m* (*siehe* **naja**)
najeras *m/sg*
G. -- Ausreißer, Flüchtling.
nalgamen *m*
F. -- Hinterbacken, Gesäß.
nano, -a *subst*
F. -- kleines Kind, Knirps, Dreikäsehoch.
napia(s) *f/(pl)*
F. -- Nase.
napias *m/sg*
F. -- Mensch mit großer Nase.
napo *m*
G. -- Tausend-Peseten-Schein.
naquerado, -a *adj*
G. -- gebildet, bewandert.
naquerar *intr*
G. -- reden, sprechen.
narco *m*
D. -- Drogenschmuggler, Rauschgifthändler.
narcota *m*
D. -- Drogenfahnder.
nardo, -a *adj*
G. -- unwissend, unfähig.
nardo *m*
V. -- Penis, "Schwanz".
narices *f/pl*
F. -- 1. ...*de narices* - ausgezeichnet, toll, super -- 2. (...) *de las narices* - verflixt -- 3. (...) *por narices* - zwangsweise; nur so -- 4. *¡Narices!* - verflixt und zugenäht! -- 5. *¡Qué narices!* - Schluß, basta! -- 6. *¿Qué narices...?* - was zum Kuckuck...? -- 7. *Romper las narices a alguien* - j-m die Fresse polieren -- 8. *¡Tiene narices (la cosa)* - die Sache hat es in sich!, das ist nicht ohne! -- 9. *¡Tócame las narices!* - du kannst mich mal! -- 10. *Tocar las narices* - belästigen -- 11. *Tocarse las narices* - nichts tun, faulenzen.

narpia(s) *f/(pl)* (*siehe* **napia(s)**)
narpias *m/sg* (*siehe* **napias**)
nasti *adv*
   F. -- 1. gar nichts, ausgeschlossen, auf gar keinen Fall -- 2. *Nasti de plasti* - von wegen, kommt nicht in die Tüte.
naturaca *adv*
   F. -- natürlich, selbstverständlich, "logo".
navajero *m*
   G. -- 1. Messerstecher -- 2. mit einem Messer bewaffneter Räuber -- 3. Zuhälter eines jungen Mädchens.
nazareno *m*
   F. -- 1. Betbruder, Frömmler
   G. -- 2. betrügerischer Händler, der Waren auf Kredit kauft und nach Verkauf der Waren spurlos verschwindet -- 3. Schwindler.
necado, -a *adj*
   G. -- schweigsam, wortkarg.
necli *interj*
   G. -- nix wie weg!
negra *f*
   F. -- 1. Unglück -- 2. *Pasarlas negras* - in großen Schwierigkeiten stecken.
negrera *f*
   G. -- (pechschwarze) Nacht.
negrero *m*
   F. -- Menschenschinder; Ausbeuter, Kapitalist.
negrillo *m*
   F. -- eine Tasse schwarzen Kaffees.
negro *m*
   F. -- 1. Ghostwriter -- 2. Arbeiter, Malocher -- 3. *Ponerse negro* - sich stark ärgern.
negu *m*
   G. -- Zigeuner.
neura *f*
   F. -- 1. Neurasthenie, Neurose, Depression -- 2. *Tener la neura* - spinnen.
neuras *m/sg*
   F. -- Neurotiker.
nevazón *f*
   D. -- Kokainfund.
nicabar *tr*
   G. -- stehlen, klauen, mitgehen lassen.
nicabo *m*
   G. -- Straftat, Verbrechen.
nicotina *f*
   F. -- Kotfleck (in der Unterwäsche).
nieve *f*
   D. -- Kokain, Heroin, Schnee.
niñato *m*
   F. -- 1. eingebildeter Junge -- 2. Halbstarker -- 3. junger Taugenichts.
níquel *m*

F. -- *Pagar el níquel* - Unterhaltszahlungen leisten, Alimente zahlen.
niquelar *intr*
   F. -- angeben, prahlen.
niquero *m*
   F. -- Vatersöhnchen.
níspero *m*
   F. -- *¡Toma nísperos!* - da hast du es!
nones *adv*
   F. -- *Decir (que) nones* - nein sagen, ablehnen.
nota *f*
   F. -- *Dar la nota* - unangenehm auffallen.
nota *m*
   F. -- 1. Individuum, Subjekt -- 2. lächerlicher Mensch.
novelero, -a *adj*
   F. -- lügnerisch.
novelón *m*
   F. -- Lüge; erfundene Geschichte.
novia *f*
   M. -- Gewehr.
nubarrada *f*
   F. -- 1. Konflikt; Notlage -- 2. Gewitter.
nublado *m*
   F. -- Streit, Krach.
número *m*
   F. -- 1. Streit, Zank, heftiger Wortwechsel -- 2. *Montar un número* - eine Schau abziehen. -- 3. große Schau.

Ñ

ñaca-ñaca *m*
  F. -- 1. Essen, Fressen -- 2. Bumsen.
ñaco, -a *subst*
  F. -- 1. kleines Kind; Bub; kleines Mädchen -- 2. Zwerg.
ñajo, -a *subst* (*siehe* **ñaco, -a**)
ñaña *f*
  F. -- Dienstmädchen.
ñañado, -a *adj*
  F. -- arm, elend.
ñapa *f*
  G. -- Betrug.
ñarra *m*
  F. -- kleines Kind; Bub; Dreikäsehoch, Knirps -- 2. Zwerg.
ñora *f*
  F. -- Lüge.
ñorda *f*
  F. -- Haufen Kot, Scheiße.

O

obrada *f*
F. -- Haufen Kot, Scheiße.
obrar *intr*
F. -- seine Notdurft verrichten, kacken.
oca *f*
F. -- *¡La oca!* - die Höhe!, der Gipfel!, unerhört!
ocho *m*
F. -- 1. Lüge, Betrug -- 2. Intrige, Machenschaft -- 3. *Quedar hecho un ocho* - ramponiert sein, kaputt.
ojal *m*
F. -- After, Arschloch.
ojalar *tr*
F. -- sodomisieren.
ojete *m* (*siehe* **ojal**)
ojo *m* (*siehe auch* **ojal**)
F. -- *Ojo a la funerala/ojo a la virulé* - blau geschlagenes Auge.
olisqueador, -a *subst*
F. -- Schnüffler(-in), Privatdetektiv(-in).
olisquear *tr*
F. -- schnüffeln.
okupa *m*
F. -- Hausbesetzer.
oliva *f*
F. -- kleines Stück Kot.
olla *f*
F. -- 1. Kopf, "Birne".
D. -- 2. Teelöffel (zum Erhitzen des Heroins).
onda *f*
F. -- 1. Verstand -- 2. *Coger la onda* - kapieren -- 3. Richtung, Trend -- 4. *Estar en la onda* - Insider sein.
ordeñador *m*
F. -- Onanist, Wichser.
ordeñadora *f*
F. -- Straßendirne.
ordeñar *tr*
F. -- onanieren.
oreja *f*
F. -- *Planchar la oreja* - sich aufs Ohr legen.
organista *m*
F. -- Onanist, Wichser.
orsay (orsai) *m*
S. -- (v. engl. *off-side*) *Estar en orsay (orsai)* - nicht kapieren; zerstreut sein; fehl am Platze sein.
osa *f*

F. -- ¡*La osa!* - so ein Ding!
oso *m*
   F. -- 1. haariger Mann -- 2. *Hacer el oso* - sich lächerlich machen; Frauen nachjagen.
ostia *f* (*siehe* **hostia**)
ostiar *tr* (*siehe* **hostiar**)
ostión *m* (*siehe* **hostión**)
ostras *interj.*
   F. -- nanu, verflixt.
ovarios *m/pl*
   F. -- 1. *Estar hasta los ovarios* - (Frauen) die Schnauze voll haben.
   F./V. -- 2. *Hace lo que le sale de los ovarios* - sie macht nur, was sie will -- 3. *Se lo pasa por los ovarios* - das geht ihr am Arsch vorbei -- 4. *No le sale de los ovarios* - sie will überhaupt nicht, sie hat Null-Bock.
over *m*
   D. -- Überdosis, goldener Schuß.

P

paco *m*
    M. -- Gewehr.
pacheca *f*
    F. -- Ausländerin.
pacheco *m*
    F. -- Homosexueller, Schwuler.
pachica *f*
    F. -- Dummheit, Unsinn.
padre *m*
    F. -- 1. ¡*Mi padre!* - so was! -- 2. ¡*Su padre!* - verdammter Kerl!, verdammt noch mal! -- 3. ¡*Tu padre!* - du Dreckskerl!
    M. -- 4. Veteran beim Militärdienst.
paganini *m*
    F. -- dämlicher Zahler.
pagano *m*
    F. -- Blecher, Zahler.
página *f*
    F. -- 1. Lüge, Märchen -- 2. *Currarse la página* - lügen.
paisa *m*
    F. -- Nordafrikaner.
paisaneras *m/sg*
    F. -- Landsmann.
paja *f*
    F. -- 1. Onanie -- 2. *Hacerse una paja* - sich einen runterholen -- 3. *Hacerse una paja mental* - grübeln; sich dummes, unnützes Zeug ausdenken; in erotischen Phantasien schwelgen.
pájara *f*
    F. -- 1. Dirne -- 2. Schwächeanfall -- 3. großer Hunger.
    S. -- 4. Tor -- 5. *Entrar la pájara* - das erste Tor schießen.
pajarito *m*
    F. -- 1. Pimmel, Zipfel -- 2. schwacher Greis -- 3. kleine Flasche Bier -- 4. *Quedarse como un pajarito* - (ganz plötzlich und friedlich) sterben.
pájaro *m*
    F. -- 1. Penis -- 2. *Mudar el pájaro* - onanieren, wichsen.
pajarraca *f*
    G. -- 1. Schlägerei -- 2. Meuterei.
pajarraco *m*
    M. -- Hubschrauber.
pajató *m*
    G. -- Uhr.
pajero *m*
    F. -- Onanist, Wichser.
pajillera *f*
    F. -- Straßendirne.

pajillero *m* (*siehe* **pajero**)
pajita *f*
  D. -- Joint.
pajolero, -a *adj*
  F. -- gaunerhaft; lustig.
pajote *m*
  F. -- Onanie, Wichserei.
pala *f*
  G. -- 1. Zahn -- 2. Löffel.
palanca *f*
  F. -- 1. Schenkel.
  G. -- 2. Versteck.
palanganero *m*
  G. -- 1. Arzt (im Verbrecher-Milieu) -- 2. Engelmacher.
palanquero *m*
  G. -- Einbrecher (mit Brecheisen oder Wagenheber).
palanquista *m* (*siehe* **palanquero**)
palco *m*
  M. -- 1. Flugzeug -- 2. *Asomarse al palco* - mit dem Fallschirm springen -- 3. *Caerse del palco* – abstürzen.
paleta *m*
  F. -- Maurer.
pálida *f*
  D. -- Übelkeit nach Drogeneinnahme.
palillo *m*
  F. -- 1. klapperdürrer Mensch -- 2. *Estar como un palillo* - ein Strich in der Landschaft sein.
paliza *m*
  F. -- 1. lästiger, langweiliger Mensch -- 2. *Darse la paliza* - schuften, malochen.
palma *f*
  G. -- Guardia Civil.
palmar *intr/tr*
  F. -- 1. sterben -- 2. *Las palmó* - er/sie kratzte ab.
palmatoria *f*
  F. -- Tod.
palo *m*
  F. -- 1. plötzliches Unglück; unvorhergesehene Widrigkeit, Schicksalsschlag -- 2. *Dar un palo a alguien* - j-s Gefühle verletzen; j-m eine Rüge erteilen; j-n schwer enttäuschen.
  F./V. -- 3. Penis, Schwanz -- 4. Fick -- 5. *Echar un palo* - bumsen, vögeln.
  G. -- 6. Raubüberfall -- 7. überzogene Rechnung.
paloma *f*
  G. -- Bettlaken.
palomita *f*
  F. -- Mischung aus Wasser und Anis.
palomo *m*
  G. -- 1. Opfer -- 2. Pechvogel -- 3. *Cargar con el palomo* - es ausbaden müssen.
palos *m/sg*

G. -- (Bank)Wechsel.
palquista *m*
   G. -- Einbrecher (der durch offene Fenster oder Balkone ins Haus einsteigt).
pancho, -a *adj*
   F. -- *Quedarse tan pancho/-a* - seelenruhig bleiben.
pandero *m*
   F. -- Hintern, Popo.
pandora *f*
   G. -- Schloß.
pandorro *m*
   G. -- Vorhänge-, Vorlege-, Sicherheitsschloß.
panocha f
   F. -- Geld, Zaster, Kohle.
panoja *f (siehe* **panocha**)
panoli *adj*
   F. -- dumm, blöde.
pantera *f*
   F. -- 1. Prostituierte, Dirne -- 2. *¡Vete a freír panteras!* - hau ab!, geh zum Teufel!
pañí *f*
   G. -- 1. Wasser -- 2. *Caer pañí* - regnen -- 3. Vorwarnung, Tip -- 4. *Dar la pañí* - vorwarnen.
pañil *m*
   G. -- Regenschauer, Platzregen.
pañisero *m*
   G. --Ganove, der Schmiere steht.
pañizar *intr*
   G. -- regnen.
papa *adv*
   F. -- *No saber ni papa* - überhaupt nichts wissen; von Tuten und Blasen keine Ahnung haben.
papalina *f*
   D. -- 1. Rausch -- 2. Drogensucht.
paparachi *m*
   F. -- Showmaster; Fernsehmoderator.
papeador, -a *subst*
   F. -- Vielfraß.
papear *tr*
   F. -- essen.
papela *f*
   G. -- Personalausweis.
papelamen *m*
   G. -- Unterlagen; Akten.
papelina *f*
   D. -- Briefchen mit Droge.
papelo *m*
   G. -- Beglaubigung, Zeugnis, Zertifikat.
papeo *m*

F. -- Futter, Essen.
papira (pápira) *f*
G. -- 1. Brieftasche -- 2. Brief.
papiro (pápiro) *m*
F. -- Geldschein.
papo *m*
V. -- weibliches Geschlechtsorgan, Fotze.
paquete *m*
F. -- 1. Rüge, Anschiß; Strafe -- 2. *Meter un paquete a alguien* - j-m eine Rüge erteilen, j-n anscheißen -- 3. Schwangerschaft; Bauch -- 4. *Hacer un paquete* - schwängern -- 5. *Soltar el paquete* - gebären.
F./V. -- 6. männliche Geschlechtsteile.
S. -- 7. Beifahrer (Motorrad).
paraca *m*
M. -- Fallschirmjäger.
paraguas *m/sg*
F. -- Präservativ, Pariser.
paraguaya *f*
D. -- Depression nach Drogeneinnahme.
parapañil *m*
G. -- Regenschirm.
parcigar *tr*
G. -- Angaben auf Urkunden fälschen.
parida *f*
F. -- Blödsinn, Dummheit, Quatsch.
parido, -a *adj*
F. -- *Bien parido/-a* - gut aussehend.
parienta *f*
F. -- Ehefrau, bessere Hälfte.
paripé *m*
F. -- 1. Vorwand, Lüge -- 2. *Hacer el paripé* - täuschen, so tun als ob.
parir *tr*
F. -- 1. Unsinn machen; Quatsch reden -- 2. *Poner a parir a alguien* - j-n wüst beschimpfen, an j-m kein gutes Haar lassen -- 3. schaffen, schöpfen.
parlao *m*
F. -- *Echar un parlao* - plaudern.
parné *m*
G. -- Geld, Kohle, Moneten.
pasada *f*
F. -- 1. Frechheit, Unverschämtheit, Respektlosigkeit -- 2. *Es una pasada* - das ist zu weit gegangen -- 3. zu viel kassieren; abzocken -- 4. *Una mala pasada* - ein böser Streich.
pasado, -a *adj*
D. -- drogensüchtig.
pasagonzalo *m*
F. -- Schlag, Ohrfeige, Faustschlag.
pasapiri *m*
G. -- 1. Reisepaß, Ausweis -- 2. *Dar el pasapiri* - abmurksen, umbringen, ermorden.

pasar *intr*
F. -- 1. gleichgültig/gelassen bleiben; kein Interesse zeigen; eine Null-Bock-Haltung einnehmen -- 2. *Paso mucho* - das ist mir ganz wurscht/schnurzegal -- 3. *Pasar de todo* - Null Bock auf alles haben -- 4. *Pasar a tope* - ganz Null-Bock auf alles haben.
pasarse *pronl*
F. -- 1. zu weit gehen; frech, unverschämt werden.
D. -- 2. maßlos Rauschgift einnehmen -- 3. an einer Überdosis Rauschgift sterben.
pascua *f*
F. -- *Hacer la pascua* - belästigen; schaden.
pase *m*
D. -- Drogenschmuggel; kleiner Drogenhandel.
pasma *f*
G. -- 1. Polizei, Polente, Schmiere -- 2. Geheimpolizei; Zivilpolizei.
pasota *m/f*
F. -- 1. gleichgültiger, asozialer, chaotischer Mensch; Nihilist; Penner(-in); Anhänger(-in) der Null-Bock-Mentalität -- 2. Argot.
D. -- 3. Drogenabhängige(r).
pasotismo *m*
F. -- Null-Bock-Mentalität; Wurschtigkeit.
pasta *f*
F. -- 1. Geld, Zaster, Kohle -- 2. *Pasta gansa* - Vermögen, Reichtum -- 3. *Aflojar/soltar la pasta* - blechen, zahlen -- 4. soziale Herkunft; Rasse; Stand -- 5. *Tener buena pasta* - aus guter Familie stammen; ehrlich sein; tapfer sein.
pastel *m*
F. -- 1. Machenschaft, Intrige -- 2. *Se descubrió el pastel* - die Sache flog auf -- 3. Geschäft, Handel -- 4. fauler Kompromiß; krummes Ding.
pastelear *intr*
F. -- 1. faule Kompromisse schließen.
G. -- 2. handeln mit gestohlenen Waren.
pasteleo *m*
F. -- 1. fauler Kompromiß -- 2. krummes Tauschgeschäft.
pastilla *f*
F. -- 1. Geschwindigkeit -- 2. *A toda pastilla* - ganz schnell, geschwind.
pastilla *m*
F. -- 1. Schmeichler -- 2. *Dar pastilla a alguien* - j-m schmeicheln.
pastillero, -a *subst*
D. -- Tablettensüchtige(r).
pastizara *f*
G. -- Geld, Zaster, Kohle, Moneten.
pastón *m*
F. -- viel Geld, eine stolze Menge Geld.
pastos *m/pl*
G. -- betrügerisches Straßenwettspiel mit drei Nußschalen oder Würfelbechern und einem Kügelchen, das man darunter versteckt; das Opfer soll erraten, wo sich das Kügelchen jeweils befindet, "Hütchenspiel".
pata *f*
F. -- *Tener mala pata* - ein Pechvogel sein; ein fader, witzloser Mensch sein.

patachula *f/adj*
F. -- 1. lahmes Bein -- 2. hinkend, humpelnd.
pataescombro *m/adj* (*siehe* **patachula**)
patata *f*
F. -- 1. Herz -- 2. Flasche, Niete, Null -- 3. Taschenuhr.
V. -- 4. weibliches Geschlechtsorgan, Fotze, Möse.
patear *tr*
F. -- 1. durchwandern -- 2. *Patearse una ciudad* - eine Stadt zu Fuß besichtigen.
patero *m*
G. -- Taxifahrer.
patilla *f*
F. -- 1. Frechheit, Unverschämtheit, Unverfrorenheit -- 2. *De patilla/por la patilla* - umsonst, gratis -- 3. unverschämter Kerl; Gauner -- 4. *Tocar de patilla* - nach dem Gehör spielen.
patinar *intr*
F. -- sich daneben benehmen; einen Fehler machen, "ausrutschen".
patinazo *m*
F. -- großer Fehler, Ausrutscher.
pato *m*
F. -- 1. Taxifahrer.
V. -- 2. weibliches Geschlechtsorgan, Fotze, Möse.
patoso, -a *adj*
F. -- 1. ungeschickt, tolpatschig -- 2. hinkend, humpelnd.
pava *f*
F. -- 1. dummes junges Mädchen, dumme Gans -- 2. Kippe, (Zigaretten-, Zigarren-) Stummel -- 3. *Echar la pava* - erbrechen, sich übergeben.
pavera *f*
G. -- Gefängnis, Knast.
pavo *m*
F. -- 1. Fünf-Peseten-Münze.
G. -- 2. Opfer eines Diebstahls oder Betrugs.
payo, -a *subst*
F. -- (aus der Sicht der Zigeuner) Nicht-Zigeuner(-in).
pea *f*
F. -- Rausch.
peana *f*
F. -- großer Fuß.
pecero , -a *subst*
F. -- Mitglied des PCE (spanische KP).
pedal *m*
D. -- 1. Rausch, Trip -- 2. Selbstmord durch Einnahme von Schlaftabletten.
pedazo *m*
D. -- großer Rausch, Trip.
pedo *m*
F. -- 1. Furz -- 2. Rausch -- 3. *Estar pedo* - besoffen sein -- 4. *Agarrar un pedo* - sich besaufen.
D. -- 5. Drogenrausch, Trip.

pedorrear *intr*
    F. -- 1. furzen -- 2. angeben, prahlen.
pedorro *subst*
    F. -- Hohlkopf, Dummkopf.
pedrea *f*
    F. -- Steinschlacht unter Straßenjungen.
pegada *f*
    F. -- (Musikanlage) Power.
pegar *tr*
    F. -- 1. *Pegarla* - belügen, betrügen -- 2. *Pegársela al cónyuge* - den Ehepartner betrügen - -3. *Pegársela* - einen schweren Unfall haben -- 4. *Pegarle a la botella* - der Flasche kräftig zusprechen.
pegote *m*
    F. -- 1. überflüssiger Zusatz -- 2. Lüge -- 3. Angeberei, Prahlerei -- 4. *Tirarse el pegote* - angeben, prahlen, aufschneiden -- 5. häßlicher Mensch.
peine *m*
    F. -- 1. *¡Te vas a enterar de lo que vale un peine!* - du wirst was erleben!
    G. -- 2. Dietrich.
pejigueras *m/sg*
    F. -- Jammerer.
pela *f*
    F. -- Pesete.
pelado, -a *adj*
    F. -- ruiniert, mittellos.
pelandusca *f*
    F. -- billige Hure, Nutte.
pelambrera *f*
    F. -- Schamhaare.
pelar *tr*
    F. -- 1. (beim Spielen) ausnehmen -- 2. *Pelar la pava* - einem Mädchen den Hof machen; schmusen, sich abknutschen.
    V. -- 3. *Pelársela* - onanieren, sich einen runterholen.
    G. -- 4. umbringen, töten.
pelas *m*
    F. -- 1. Taxi -- 2. Taxifahrer.
pelear *intr*
    F. -- stinken.
pelés *m/pl*
    F. -- Hoden.
película *f*
    F. -- 1. Lüge, Märchen -- 2. *¡Allá películas!*...ich will nichts davon wissen! -- 3. ....*de película* - phantastisch, toll -- 4. *Montarse una película* - sich etwas einfallen lassen; sich ein Märchen/eine Geschichte ausdenken.
peliculero, -a *adj*
    F. -- 1. theatralisch -- 2. lügnerisch, verlogen.
pelín *m*
    F. -- *Un pelín* - ein bißchen.

pelo *m*
    F. -- 1. *A pelo* - nackt, splitternackt -- 2. *Pasarse un pelo* - übertreiben, überziehen.
    V. -- 3. *Joder a pelo* - ohne Präservativ bumsen.
pelón *m*
    F. -- armer Teufel, mittelloser Mensch.
pelona *f*
    F. -- Tod.
pelota *f*
    F. -- Kopf.
pelota *m/f*
    F. -- 1. Schmeichler(-in), Speichellecker(-in) -- 2. *Hacer la pelota* - schmeicheln.
pelotas *f/pl* (*siehe auch* **cojones**)
    F. -- 1. Hoden -- 2. *Coger en pelotas* - überraschen, auf frischer Tat ertappen -- 3. *... de pelotas* - prima, super, "geil", stark; viel -- 4. *Hace un frío de pelotas* - es ist saukalt -- 5. *Echarle pelotas a algo* - etwas mit großem Mut angehen -- 6. *En pelotas* - splitternackt -- 7. *Por pelotas* - zwangsweise, ohne Widerrede -- 8. *Quedarse en pelotas* - sich nackt ausziehen.
pelotazo *m*
    F. -- 1. schnelle Bereicherung -- 2. Filz, Korruption.
peloteo *m*
    F. -- Schmeichelei, Speichelleckerei.
pelotilleo *m* (*siehe* **peloteo**)
pelotillero, -a *subst*
    F. -- Schmeichler(-in), Speichellecker(-in), Kriecher(-in).
peltreva *f*
    G. -- Gepäck.
peluca *f*
    G. -- Fünfhundert-Peseten-Münze.
peluco *m*
    G. -- Uhr.
peluquín *m*
    F. -- *¡Ni hablar del peluquín!* - kommt gar nicht in Frage!, kommt nicht in die Tüte!
pelusa *f*
    G. -- Decke.
peluso *m*
    M. -- Rekrut; Soldat.
pella *f*
    F. -- 1. Schuld(-en) -- 2. *Hacer pellas* - die Schule schwänzen, blaumachen.
pelleja *f*
    F. -- 1. Nutte -- 2. Lederjacke, Joppe.
    G. -- 3. Brieftasche.
pellejo *m*
    F. -- "Subjekt", schlechter Kerl.
pellizco *m*
    D. -- Reihe Kokain bzw. Heroin.
penalty *m*
    F. -- *Casarse de penalty* - die geschwängerte Freundin heiraten.

penca *f*
    F. -- Bein.
pencar *intr*
    F. -- schuften, malochen.
pendeja *f*
    F. -- liederliches Weibstück.
pendejada *f*
    F. -- Blödsinn, Unsinn, Quatsch.
pendejo *m*
    F. -- "Subjekt", Ganove, lasterhafter Mann, liederliches Mannsbild.
pepa *f*
    F. -- 1. Durcheinander, Chaos; ungehemmtes Leben -- 2. *¡Viva la pepa!* - weiter so! -- 3. Lüge -- 4. *Meter pepas* - lügen -- 5. Flasche, Niete -- 6. *¡Vaya pepa!* - so eine Flasche! -- 7. häßliche Frau.
    G. -- 8. Todesstrafe.
pepe *m*
    F. -- 1. weibliches Geschlechtsorgan, Fotze -- 2. *Ponerse como un Pepe* - sich sattessen, sich vollfressen.
pepero, -a *subst*
    F. -- Anhänger(-in) des PP (Volkspartei)
pepina *f*
    F. -- Penis, Pimmel.
pepinazo *m*
    S. -- (Fußball) starker Schuß.
pepino *m*
    F. -- 1. *¡Me importa un pepino!* - das ist mir völlig wurscht! -- 2. Penis, Pimmel.
pepita *f*
    F. -- Klitoris, Kitzler.
pepito *m*
    F. -- Brötchen mit gebratenem, dünnem Kalbsschnitzel.
pera *f*
    F. -- 1. *Ser la pera* - das Letzte sein; der Gipfel sein, unerhört sein.
    V. -- 2. Penis, Schwanz -- 3. *Hacerse una pera* - onanieren, wichsen.
percal *m*
    F. -- 1. Geld, Moneten -- 2. *Conocer el percal* - im Bilde sein.
percebe *m*
    F. -- Dummkopf, Blödmann.
percha *f*
    F. -- Gestalt.
perdiz *f*
    F. -- *Marear la perdiz* - an der Nase herumführen, irreführen; um den heißen Brei herumreden.
perejil *m*
    D. -- Marihuana.
perica *f*
    F. -- 1. Hure, Dirne.
    G. -- 2. blutjunges Mädchen.

perico *m*
F. -- 1. Nachttopf -- 2. Hure, Dirne.
D. -- 3. Kokain.
perinola *f*
F. -- Pimmel, Zipfel.
peripatética *f*
F. -- Strichmädchen, Bordsteinschwalbe.
periquito *m* (*siehe* **perica/perico**)
perista *m*
G. -- Hehler.
perla *f*
F. -- Dienstmädchen, Putzfrau.
pernicha *f*
G. -- Decke.
perniche *m* (*siehe* **pernicha**)
pernicho *m*
G. -- Versteck.
perra *f*
F. -- 1. Münze -- 2. *Perra gorda* - (alt) Zehn-Céntimos-Münze -- 3. *¡Para ti la perra gorda!* - meinetwegen!
perras *f/pl*
F. -- Geld, Vermögen.
perrera *f*
G. -- die grüne Minna.
perrilleo *m*
F. -- Pfennigfuchserei.
perrillero, -a *subst* u. *adj*
F. -- 1. Pfennigfuchser(-in) -- 2. geldgierig -- 3. armselig, schäbig.
persiana *f*
F. -- Augenlid.
personal *m*
F. -- die Leute, das Publikum, die Bürger.
pescar *tr*
F. -- verstehen, kapieren, mitkommen.
peseta *f*
F. -- 1. *Cambiar la peseta* - erbrechen, sich übergeben -- 2. Taxi.
pesetas *m/sg*
F. -- Taxifahrer.
pesetero, -a *adj* u. *subst*
F. -- 1. geldgierig -- 2. Taxifahrer(-in).
pesqui *m*
F. -- Verstand, Intelligenz, "Grütze".
pestaña *f*
F. -- 1. Jüngling, Jugendliche(r) -- 2. Homo, Schwuler -- 3. *Jugarse las pestañas* - sein ganzes Geld verspielen -- 4. *Quemarse las pestañas* - viel lesen; büffeln.
G. -- 5. Polizei, Polente, Schmiere.
pestañí *f*

pestañas *m/pl*
  G. -- Polizei, Polente, Schmiere.
pestaños *m/pl*
  G. -- die Bullen.
pestiño *m*
  F. -- 1. Langeweile, Widerwille, Überdruß -- 2. Langweiler, langweiliges Ding.
pestosos *m/pl*
  G. -- Socken.
peta *f*
  G. -- 1. Personalausweis -- 2. Name.
  D. -- 3. Joint.
petar *tr*
  G. -- 1. explodieren, bersten -- 2. erbrechen, sich übergeben -- 3. sterben, abkratzen -- 4. zinken; erwähnen -- 5. denunzieren, anzeigen, singen.
petardear *intr*
  F. -- angeben, prahlen.
petardo *m*
  F. -- 1. lästiger, plumper Mensch -- 2. mieses Schauspiel -- 3. Langeweile, Widerwille, Überdruß -- 4. häßlicher Mensch.
  D. -- 5. Joint.
piano *m*
  G. -- 1. Fingerabdrücke -- 2. *Tocar el piano* - Fingerabdrücke nehmen.
piante *adj*
  F. -- unzufrieden, nörglerisch; unersättlich.
piante *m*
  G. -- Schwätzer, Denunziant.
piar *intr*
  F. -- 1. schwätzen, schwafeln, quasseln.
  G. -- 2. sich verplappern, singen, denunzieren.
piarlas *tr*
  F. -- sich beklagen, jammern.
pica *f*
  D. -- Spritze.
picadero *m*
  F. -- 1. sturmfreie Bude.
  D. -- 2. Treffpunkt der Junkies.
picado, -a *adj*
  D. -- 1. von Heroin berauscht.
  G. -- 2. tot, abgemurkst, ermordet.
picador *m*
  G. -- Taschendieb.
picantes *m/pl*
  G. -- Socken.
picapica *m*
  F. -- Schaffner.
picar *tr*
  G. -- 1. umbringen, abmurksen, kaltmachen -- 2. die Brieftasche klauen.
  D. -- 3. *Picarse* - sich Heroin (oder eine andere Droge) spritzen.

picasera *m*
G. -- Ganove, der Schmiere steht und seine „Kollegen" vor der Ankunft der Polizei warnt.
picha *f*
F./V. -- 1. Penis, Pimmel -- 2. *Hacerse la picha un lío* - verwirrt sein -- 3. *Ver menos que una picha vendada* - sehr kurzsichtig sein.
pichabrava *m*
F. -- Vögler, Ficker.
pichafloja, pichafría *f*
F. -- Schlappschwanz, Sexmuffel.
pichar *tr*
F. -- bumsen, vögeln.
pichirichi *m*
F. -- Lust, Genuß.
pichitis *f*
F. -- Phimose.
pico *m*
F. -- 1. Mund -- 2. *Darle al pico* - plaudern, schwätzen, schwafeln -- 3. *Darse el pico* - sich küssen -- 4. *Ser un pico* - ein guter Redner sein.
G. -- 5. Beamter der Guardia Civil.
D. -- 6. Spritze Heroin oder einer anderen Droge -- 7. *Darse un pico* - sich spritzen.
picoleto *m*
F. -- Beamter der Guardia Civil.
picón *m*
G. -- Laus.
picona *f*
D. -- Spritze.
picota *f/m*
F. -- 1. lange Nase.
D. -- 2. Drogenabhängige(r).
picotazo *m*
D. -- Schuß.
piculina *f*
F. -- Hure, Dirne.
piedra *f*
F. -- 1. Penis -- 2. *Pasar por la piedra* - bumsen, vögeln.
D. -- 3. Stück Haschisch.
piernas *m/sg*
F. -- eine Null, Flasche, Niete; armer Schlucker.
pieza *f*
D. -- gepreßtes Haschisch.
pija *f*
F./V.-- Penis, Schwanz.
pijada *f*
F. -- Dummheit, Blödsinn, Unsinn, Quatsch.
pijar *tr*
F./V. -- bumsen, ficken, vögeln.
pijo *m*

F. -- 1. Vatersöhnchen.
V. -- 2. Penis, Schwanz -- 3. *Tonto (d)el pijo* - Arschloch.
pijotero, -a adj u. *subst*
    F. -- 1. empfindlich; pendantisch -- 2. Korinthenkacker(-in).
pila *f*
    F. -- *Ponerse las pilas* - Energie auftanken; Anlauf nehmen, sich einen Ruck geben.
píldora *f*
    M. -- Kugel.
pilila *f*
    F. -- Kinderpenis, Zipfel.
pilón *m*
    V. -- 1. Fotze -- 2. *Bajarse al pilón* - Oralsex mit einer Frau haben.
pilonada *f*
    V. -- Cunnilingus.
pilonero *m*
    V. -- Fotzenlecker.
piltra *f*
    F. -- Bett.
pilula *f*
    F. -- Antibabypille.
pillado, -a *subst*
    G. -- 1. Sträfling, Gefangene(r).
    D. -- 2. Drogenabhängige(r).
pillar *tr*
    G. -- 1. stehlen, klauen.
    D. -- 2. Drogen kaufen.
pimplarse *pronl*
    F. -- sich volllaufen lassen.
pimple *m*
    F. -- Saufen, Sauferei.
pincel *m*
    F. -- Penis.
pinchadiscos *m/sg*
    F. -- Diskjockey.
pinchar *tr*
    F. -- 1. einen Fehler machen, sich irren -- 2. (Theater, Kino, usw.) ein Flop sein -- 3. eine Schallplatte auflegen, eine CD reinziehen -- 4. (Telefonleitung) anzapfen -- 5. schwanger werden.
    G. -- 6. stechen.
pinchazo *m*
    F. -- 1. Mißerfolg -- 2. (Telefonleitung) Anzapfen.
    D. -- 3. Schuß.
pincho *m*
    F. -- 1. Spießchen.
    G. -- 2. Leibwächter -- 3. Messer.
    D. -- 4. Spritze.
pinchosa *f*

G. -- Klapp-/Taschenmesser.
pinchota *m*
　D. -- Junkie.
pindongo, -a *subst*
　F. -- 1. Nichtstuer(-in) -- 2. Lump; Gauner(-in).
pingo *m*
　F. -- 1. liederliche Frau; Straßendirne -- 2. Lump.
pingonear *intr*
　F. -- 1. sich auf den Straßen herumtreiben -- 2. bummeln -- 3. auf den Strich gehen.
pingorra *f*
　F. -- Nutte.
pingüi *m*
　F. -- 1. Angeberei, Prahlerei -- 2. *Tirarse el (un) pingüi* - angeben -- 3. Bummel -- 4. *Darse un pingüi* - einen Bummel machen.
pinrel *m*
　G. -- Fuß.
pintada *f*
　F. -- Wandparole; Graffiti.
pintado, -a *adj*
　F. -- hübsch, schön.
piña *f*
　F. -- 1. Faustschlag; Schlag -- 2. Zusammenstoß.
piñarse *pronl*
　F. -- hinfallen, stürzen.
piñata *f*
　G. -- Gebiß.
piño *m*
　G. -- Zahn.
piojo (verde) *m*
　F. -- Verkehrpolizist (der *Guardia Civil*)
piojosa *f*
　G. -- Decke.
pipa *f*
　G. -- 1. Pistole -- 2. Spanner -- 3. Lederjacke, Joppe -- 4. prima, toll, super -- 5. *Pasarlo pipa* - eine Riesengaudi haben.
　V. -- 6. Klitoris, Kitzler.
pipear *tr*
　G. -- verstohlen beobachten.
pipera *f*
　F. -- Kupplerin.
pipi *m*
　F. -- 1. Anfänger, Neuling -- 2. Dummkopf, Depp -- 3. Laus.
　M. -- 4. Rekrut.
pipiolo *m*
　M. -- Rekrut.
pique *m*
　D. -- Schuß.

piquero *m*
    G. -- Taschendieb.
pira *m*
    F. -- 1. Krimineller, Verbrecher -- 2. Hintertür.
pirado, -a *adj*
    F. -- verrückt, plemplem, meschugge.
pirámide *f*
    D. -- Sorte LSD.
piraña *f*
    F. -- Kapitalist, Arbeitgeber, Unternehmer.
pirarse *pronl*
    F. -- 1. abhauen, verduften -- 2. ¡(V)amos pira! - hau ab! -- 3.*Pirárselas* - sich aus dem Staub machen.
pire *m*
    F. -- 1. Verrücktheit, Wahnsinn -- 2. Flucht.
piri *m*
    G. -- Knastessen.
piripi *adj*
    F. -- *Estar piripi* - betrunken sein.
piro *m*
    F. -- 1. Verrückter, Spinner -- 2. Flucht -- 3. *Darse el piro* - abhauen, verduften.
piruja *f*
    F. -- häßliche Frau, Hexe.
pirula *f*
    F. -- 1. Betrug -- 2. böser Streich.
    D. -- 3. Amphetamin.
pirulí *m*
    F. -- 1. (Kinder-) Penis -- 2. *El Pirulí* - Turm des staatlichen Fernsehens in Madrid.
pirulo *m*
    F. -- (etwa) Martinshorn, Lichthupe und Sirene eines Streifenwagens.
pisateclas *m/sg*
    F. -- 1. Klavierspieler -- 2. EDV-Spezialist; PC-Benutzer.
piscinas *m/f*
    F. -- Schwimmbad-Held(-in).
piscinero, -a *subst* (*siehe* **piscinas**)
pispa *f*
    G. -- Geld, Zaster.
pispar *tr*
    G. -- stehlen, klauen.
pispón, -a *subst*
    G. -- Dieb(-in).
pisto *m*
    F. -- 1. Angeberei -- 2. Großzügigkeit -- 3. *Tirarse el pisto* - sich großzügig zeigen.
pistola *f*
    F. -- Hüfte.
pistolero *m*
    F. -- Unternehmer, der illegale Arbeitskräfte beschäftigt.

pistolo *m*
F. -- 1. Anfänger, Neuling.
M. -- 2. Rekrut, Soldat.
pitar *intr*
F. -- 1. funktionieren; gut gehen, klappen -- 2. befehlen -- 3. *Salir pitando* - schnell verschwinden.
pito *m*
F. -- 1. (Kinder-) Penis -- 2. Zigarette -- 3. *Me importa un pito* - das ist mir schnurzegal -- 4. *Tomar a alguien por el pito del sereno* - j-n nicht ernst nehmen.
D. -- 5. Joint.
pitones *m/pl*
F. -- spitze, harte Brüste.
pitopausia *f*
F. -- 1. Wechseljahre des Mannes -- 2. Impotenz.
pitorrear *intr*
F. -- schwätzen, quasseln, quatschen.
pitorrearse *pronl*
F. -- *Pitorrearse de alguien* - sich über j-n lustig machen, j-n auf die Schippe nehmen.
pitorreo *m*
F. -- Spott, Spöttelei, Hänselei.
pitote *m*
F. -- Durcheinander, Krach, Tohuwabohu.
pituso, -a *subst*
F. -- kleines Kind.
piva *f*
G. -- Flucht; Ausbruch.
pizarrín *m*
F. -- 1. Penis, Pimmel -- 2. *Mojar el pizarrín* - bumsen.
placa *f*
D. -- dünnes und flaches Stück gepreßten Haschischs.
placar *tr*
G. -- (Sträflinge) isolieren.
plajear *tr*
G. -- rauchen.
plajo *m*
G. -- Zigarette.
plan *m*
F. -- 1. Flirt, Liaison -- 2. *Tener (un) plan* - etwas vorhaben; mit einer Frau ausgehen.
plancharse *pronl*
F. -- sich aufs Ohr legen.
plana *f*
G. -- Schwester.
plano *m*
G. -- Bruder.
plante *m*
D. -- (Drogenschmuggel) Glasröhrchen, das man in die Scheide oder in den After einführt.
plañí *m*

plas *m*
   G. -- Geheimnis; Vertraulichkeit.
   G. -- Bruder.
plasa *f*
   G. -- Schwester.
plasta *f*
   F. -- 1. Haufen Kot.
   G. -- 2. Polizei, Polente -- 3. Antidrogenpolizei.
plasta *m*
   F. -- fader, langweiliger Mensch.
plastañar *tr*
   G. -- verfolgen.
plástico *m*
   F. -- Kreditkarte, Plastikgeld.
plátano *m*
   F. -- Penis, Schwanz.
playero *m*
   F. -- Strandheld, Strandplayboy.
plim *interj*
   F. -- ¡*A mí plim!* - das ist mir piepegal!
plomizo, -a *adj*
   F. -- langweilig.
plomo *m*
   F. -- Langweiler.
plomos *m/pl*
   F. -- *Fundírsele los plomos a alguien* - durchdrehen, verrückt werden.
pluma *f*
   F. -- 1. Penis, Pimmel -- 2. Schwuler -- 3. *Hacer a pluma y a pelo* - bisexuell sein -- 4. Pesete -- 5. leise Blähung -- 6. *Tirarse una pluma* - einen (leisen) fahren lassen.
plumilla *m*
   F. -- 1. Journalist -- 2. Schreiberling.
pocholada *f*
   F. -- hübsches Ding.
poderoso *m*
   D. -- Opium.
podrido, -a *adj*
   F. -- stinkreich.
polaco *m*
   F. -- Katalane.
polca *f*
   F. -- Streit, Schlägerei.
polen *m*
   D. -- Haschischpulver.
poli *f*
   F. -- Polizei
poli *m*
   F. -- Polizist, Schandi.

poli-mili *m*
M. -- (Terrorismus), bewaffnetes ETA-Mitglied.
politiqueras *m/sg*
F. -- Politiker.
polizonte *m*
F. Polizist; Zivilpolizist.
polo *m*
F. -- 1. Kühlschrank -- 2. Eis am Stil.
polvata *f* (*siehe* **polvazo**)
polvazo *m*
F. -- Fick.
polvera *f*
F. -- 1. (eheliches) Schlafzimmer -- 2. Bett.
polvero, -a *adj*
D. -- heroin-/kokainsüchtig.
polvete *m* (*siehe* **polvo**)
polvo *m*
F. -- 1. Fick -- 2. *Echar un polvo* - bumsen -- 3. *Vivir del polvo* - sich prostituieren -- 4. *Tener un (buen) polvo* - (sehr) sexy sein.
D. -- 5. Heroin -- 6. *Polvo blanco, polvo de ángel* - Kokain.
polvoranca *f*
F. -- Streit, Schlägerei.
polvorosa *f*
F. -- Landstraße.
polvos *m/pl*
D. -- Kokain, Heroin.
polla *f*
F./V. -- 1. Penis, Schwanz -- 2. *¡Es la polla!* - das ist die Höhe! -- 3. *Hacer algo con la polla* - etwas mühelos machen -- 4. *¡(Esto) me suda la polla!* - das ist mir scheißegal! -- 5. *¡Pollas en vinagre!* - kommt nicht in die Tüte! -- 6. *¡Porque me sale de la polla!* - weil es mir so paßt! -- 7. *Ver menos que una polla vendada/vendá* - sehr kurzsichtig sein.
pollaboba *adj*
F./V. -- blöde, dumm.
pollalisa *m* (*siehe* **pollaboba**)
pollazo *m*
V. -- Fick.
pollo *m*
F. -- *Montar el pollo a alguien* - j-n heftig kritisieren, über j-n herfallen.
pomada *f*
F. -- 1. Schickeria -- 2. Schmeichelei, Speichelleckerei -- 3. *Dar pomada* - schmeicheln.
D. -- 4. Drogen.
pompis *m*
F. -- Popo.
poner *tr*
F. -- 1. *Poner a parir a alguien* - j-n wüst beschimpfen, kein gutes Haar an j-m lassen -- 2. *Ponerse a parir alguien* - j-m speiübel werden -- 3. *¡Cómo te pones!/¡no te pongas así!* - tu nicht so!, reg dich nicht so auf!

popa *f*
    F. -- Hintern, Popo.
popelín *adj*
    F. -- sehr gut, ausgezeichnet, super.
poper *m*
    D. -- Amylnitrat.
poquinelar *tr*
    F. -- zahlen, blechen.
porcata *f*
    G. -- Streit, Schlägerei.
porculizar *tr*
    F./V. -- sodomisieren.
porra *f*
    F. -- 1. ...*de la porra* - verdammt, verflixt -- 2. *Enviar a la porra* - zum Teufel schicken -- 3. *¡Qué porras!* - was zum Teufel! -- 4. *¡Porras!* - verdammt noch mal!
    F./V -- 5. Penis, Schwanz.
porrear *tr*
    D. -- kiffen.
porrero *m*
    D. -- Kiffer.
porreta *m* (*siehe* **porrero**)
porro *m*
    D. -- Joint.
porrón *m*
    F. -- 1. große Menge -- 2. *Cuesta un porrón* - das kostet eine ganze Menge Geld.
porte *m*
    G. -- Preis einer Hure.
posada *f*
    G. -- Gefängnis, Knast.
postura *f*
    D. -- Haschischangebot (zu einem bestimmten Preis).
pot *m*
    D. -- Marihuana.
pota *f*
    G. -- Erbrechen; Erbrochenes.
potar *tr*
    G. -- erbrechen, sich übergeben.
pote *m*
    F -- 1. Angeberei, Prahlerei -- 2. *Darse pote* - angeben, prahlen.
potero *m*
    F. -- Angeber, Schwindler, Hochstapler.
potorro *m*
    V. -- Fotze, Möse.
potra *f*
    F. -- 1. Glück -- 2. *Tener potra* - Schwein haben.
potrero *m*
    F. -- Glückspilz.

potro *m*
  D. -- Heroin.
pregón *m*
  G. -- 1. Vorstrafenregister -- 2. Anzeige, Denunziation.
pregonar *tr*
  G. -- anzeigen, denunzieren, verpfeifen.
pregonero *m*
  G. -- Denunziant; Spitzel.
prenda *f*
  F. -- Mensch, Person.
primavera *m* (*siehe* **primo**)
primez *f*
  F. -- Naivität, Dummheit.
primo *m*
  F. -- 1. naiver Mensch, Einfaltspinsel -- 2. *Hacer el primo* - es ausbaden müssen.
prince(sa) *f*
  F. -- junger Homosexueller.
pringa(d)o, -a *adj* u. *subst*
  G. -- 1. dumm, naiv -- 2. Opfer eines Diebstahls.
pringar *intr*
  F. -- 1. schuften, malochen -- 2. sich kompromittieren -- 3. *Pringarla* - ins Fettnäpfchen treten -- 4. *Pringarse - (Strafiat)* sich die Hände schmutzig machen.
  G. -- 5. *Pringarla* - im Knast sitzen.
pringue *m*
  G. -- 1. Unterwelt -- 2. Diebstahl.
priva *f*
  F. -- Getränke.
privada *f*
  F. -- Vollrausch.
privar *tr*
  F. -- trinken, saufen.
privón *m*
  F. -- Säufer.
proa *f*
  F. -- Gesicht.
prójima *f*
  F. -- Ehefrau, "bessere Hälfte".
proleta *m*
  F. -- Schwerarbeiter, Malocher.
prosa *f*
  F. -- Beredsamkeit; Überzeugungskünste.
púa *f*
  F. -- Pesete.
puchada *f*
  G. -- Gespräch, Plauderei.
puchalati *m*
  G. -- Kofferradio, Transistor.

puchar *intr*
  G. -- sprechen, plaudern.
puche *m*
  F. -- Sprache.
puchelar *intr* (*siehe* **puchar**)
púcher *m*
  D. -- Dealer.
pucho *m*
  D. -- Jointkippe.
puerta *f*
  F. -- *Dar puerta a alguien* - j-n entlassen, hinauswerfen.
puesto, -a *adj*
  F. -- 1. fähig, geschickt, begabt -- 2. *Estar puesto* - im Bilde sein, Bescheid wissen.
pufo *m*
  F. -- Schulden, Miese.
pujador *m*
  G. -- Boxer.
pujar *tr*
  G. -- 1. boxen -- 2. mißhandeln, foltern.
pujo *m*
  G. -- Faustschlag; Kinnhaken.
pulguero *m*
  F. -- Bett.
pulgueros *m/pl*
  F. -- lange Unterhosen; Liebestöter.
pulir *tr*
  F. -- (aus-)verkaufen, verscherbeln.
pulidor *m*
  F. -- Hehler.
pulpo *m*
  F. -- Grabscher.
pulseras *f/pl*
  G. -- Handschellen.
pum *interj*
  F. -- *No saber ni pum* - überhaupt nichts wissen.
punga *f*
  G. -- Brieftasche.
puntada *f*
  F. -- Anspielung.
punto *m*
  F. -- 1. Individuum, "Subjekt" -- 2. Gauner, Ganove -- 3. *Punto filipino* - Gauner, Hallodri -- 4. Charakter.
puñeta *f*
  F. -- 1. lästiger Mensch -- 2. *En la quinta puñeta* - sehr weit -- 3. *¡Es la puñeta!* - das ist die Höhe!, das ist unmöglich! -- 4. Dummheit, Blödsinn -- 5. *...de la puñeta* - Scheiß- -- 6. *Hacer la puñeta* - belästigen, schikanieren -- 7. *Hacerse la puñeta* - onanieren, wichsen

-- 8. *Irse a hacer/freír puñetas* - scheitern, ins Wasser fallen -- 9. *¡Vete a hacer/freír puñetas!* - hau ab!, verpisse dich! -- 10. *¿Qué puñetas...?* - was zum Teufel...?
puñetero, -a *adj* u. *subst*
F. -- 1. lästig -- 2. schwierig -- 3. Quälgeist.
pupas *m/sg*
F. -- Pechvogel, Unglücksrabe.
pupila *f*
F. -- Schlauheit, Gerissenheit.
puré *m*
F. -- 1. *Estar hecho puré* - fix und fertig sein -- 2. *Hacer puré* - kaputtmachen.
pureta *m*
F. -- alter (und altmodischer) Mensch, Greis, Grufti, Komposti.
purgaciones *f/pl*
F. -- Tripper.
puri *f*
F. -- Klatschtante.
puro *m*
F. -- 1. Problem -- 2. Rüge -- 3. *Meter un puro a alguien* - j-n rügen, sich j-n kaufen, j-n abkanzeln -- 4. Geldstrafe, Strafzettel -- 5. Strafurteil.
V. -- 6. Penis, Schwanz.
purrela *f*
G. -- Menschenmenge.
pusca *f*
G. -- Pistole, Schießeisen.
puta *f*
F. -- 1. Hure -- 2. (Karten) Bube, Bauer -- 3. *De puta madre* - phantastisch, toll, super -- 4. *Escapar como puta por rastrojo* - sich aus dem Staub machen -- 5. *No tener ni puta idea* - keine Ahnung haben.
F./V. -- 6. *De una puta vez* - ein für allemal -- 7. *¡La puta que te parió!* - Scheißkerl! -- 8. *¡Me cago en la puta!* - Scheißdreck! -- 9. *Ser más puta que las gallinas* - eine große Hure sein.
puta *m*
F. -- schlauer Kerl, Schlitzohr.
putada *f*
F. -- böser Streich; Hundsgemeinheit.
putadita *f*
F. -- hinterfotzige Gemeinheit.
putear *tr*
F. -- 1. belästigen, schikanieren, kujonieren -- 2. ausbeuten, ausnutzen.
puteo *m*
F. -- 1. sexuelle Belästigung -- 2. Mobbing -- 3. Prostitution.
putería *f*
F. -- Schlauheit, Gerissenheit.
puterio *m*
F. -- 1. Prostitution -- 2. die Huren, die Nutten.
puticlub *m*
F. -- Sexbar, Sexclub.

putiferio *m*
   F. -- Sex-Nachtbar an einer Landstraße.
puto *m*
   F. -- 1. schlauer Mann, Schlitzohr -- 2. lästiger Kerl -- 3. Mann mit einem miesen Charakter -- 4. Strichjunge.
putón *m*
   F. -- 1. leichte Frau -- 2. Ficker, Vögler.
putona *f*
   F. -- alte Hure.
putorra *f*
   F. -- 1. Hure -- 2. sexbesessene Frau.

Q

quedada *f*
F. -- versteckter Spott, Veräppelung.
quedarse *pronl*
F. -- 1. *Quedarse con alguien* - j-n veräppeln, j-n auf die Schippe nehmen -- 2. j-n überzeugen, j-n für sich einnehmen.
G. -- 3. *Quedarse con alguien* - j-n wiedererkennen, identifizieren.
quede *m*
F. -- 1. (versteckter) Spott -- 2. Verliebtheit.
quedón, -a *adj*
F. -- 1. spöttisch -- 2. leicht entflammt -- 3. mißtrauisch.
quel(i) *m*
G. -- Haus.
quemado, -a *adj*
F. -- 1. verbraucht, ausgelaugt -- 2. (Spion) enttarnt.
quemante *adj*
F. -- lästig, entnervend.
quemar *tr*
F. -- 1. verärgern -- 2. verbrauchen, auslaugen.
quemazón *f*
F. -- Ärger, Wut.
queo *m*
G. -- 1. (Vor-)Warnung -- 2. *Dar el queo* - (vor-)warnen.
quer *m* (siehe **quel(i)**)
querer *tr*
F. -- *Está como quiere* - er/sie schaut toll aus.
querindonga *f*
F. -- Freundin, Geliebte.
queso *m*
F. -- (stinkender) Fluß.
quíe *m*
G. -- 1. Kumpel, Kollege -- 2. schwerer Junge; gefährlicher Sträfling.
quiebro *m*
F. -- 1. Betrug, Lüge -- 2. *Hacer un quiebro* - betrügen; lügen.
quietar *tr*
G. -- umbringen, abmurksen, killen.
quieto, -a *adj*
G. -- tot.
quifi *m*
D. -- Haschisch.
quil *m*
G. -- 1. Penis, Schwanz -- 2. *Darle al quil* (*siehe* **quilar**)
quilante *adj*
G. -- sexy.
quilar *tr*

quilé *m*
  G. -- bumsen, ficken, vögeln.
quilé *m*
  G. -- Fick.
quilombo *m*
  F. -- 1. Durcheinander, Sittenlosigkeit; Skandal, Krach -- 2. *Se armó un quilombo* - da war die Hölle los.
quinar *tr*
  G. -- stehlen, klauen, mitgehen lassen.
quinca *m* (*siehe* **quinqui**)
quindenio *m*
  G. -- Ruhestand.
qinqué *m*
  F. -- Scharfblick; Schlauheit.
quinquear *tr*
  F. -- scharf beobachten.
quinquería *f*
  G. -- Beute.
quinqui *m*
  G. -- Hausierer; Landstreicher, Penner; Strolch.
quinto(rro) *m*
  M. -- Rekrut, Soldat.
quiosco *m*
  F. -- Kopf, Birne, Rübe.
quiqui *m*
  F. -- Quicky, schneller Fick.
quisquilla *m*
  F. -- Nervenbündel.
quitapenas *f/sg*
  F. -- Springmesser.

R

rábano *m*
F. -- 1. *Me importa un rábano* - das ist mir schnurzegal -- 2. *No valer un rábano* - völlig wertlos sein -- 3. *¡Un rábano!* - kommt nicht in die Tüte!

rabazo *m*
V. -- Penetration.

rabear *intr*
F. -- 1. angeben, prahlen -- 2. den Sexprotz spielen.
V. -- 3. bumsen.

rabeo *m*
F. -- Angeberei, Prahlerei.

rabero *m*
F. -- Grabscher, Fummler.

rabión, -a *adj* u. *subst*
F. -- 1. wütend, gewalttätig -- 2. Berserker(-in).

rabiza *f*
F. -- Abneigung, Haß.

rabo *m*
F. -- 1. *Tener más rabo que el diablo* - sehr gewieft sein.
V. -- 2. Schwanz -- 3. *Poner un rabo* - sodomisieren; (Mann) sich im Gedränge an einer Frau reiben.

raca *adj* u. *subst*
F. -- 1. knauserig, knickerig.
G. -- 2. (*m*) Kleinwagen.

rácana *f*
G. -- Lieferwagen.

racanear *intr*
F. -- faulenzen.

racanería *f*
F. -- 1. Faulenzerei --2. Knauserigkeit, Pfennigfuchserei; Habgier.

rácano *m*
F. -- 1. Knauser, Knicker -- 2. Faulenzer.
G. -- 3. Kleinwagen.

rachear *intr*
G. -- 1. übernachten -- 2. sich die Nacht um die Ohren schlagen.

rachí *f*
G. -- Nacht.

radiar *tr/intr*
G. -- auspacken; hinausposaunen.

radio macuto *f*
F. -- Gerüchteküche; Radio Eriwan.

raf *m*
F. -- Cola mit Gin.

raja *f*
F. -- weibliches Geschlechtsteil, Möse.

rajado, -a *subst* u. *adj*
   F. -- 1. Feigling -- 2. (tod-)müde, erschöpft.
rajar *intr*
   F. -- 1. schwätzen, quasseln -- 2. schimpfen -- 3. (nieder-)stechen.
rajarse *pronl*
   F. -- 1. den Schwanz einziehen, einen Rückzieher machen -- 2. von einem Vertrag zurücktreten.
raje *m*
   F. -- 1. Angst, Schiß -- 2. Müdigkeit, Erschöpfung.
rake *m*
   G. -- "Steuer", die die kleinen Ganoven an die Gangsterbosse zahlen müssen.
rama *f*
   G. -- Ehefrau, "bessere Hälfte".
   D. -- Marihuana.
ramalazo *m*
   F. -- 1. Stich ins Homosexuelle, Homosexuell-Angehaucht-Sein -- 2. *Tener un ramalazo* - verweiblicht sein.
ramo *m*
   G. -- Schlüsselbund.
ramplar *intr*
   F. -- 1. herumstreichen; faulenzen -- 2. betteln; winseln.
rana *f*
   F. -- 1. untreuer, falscher Mensch, "falscher Fünfziger" -- 2. Tausend-Peseten-Schein -- 3. *Salir rana* - ein "falscher Fünfziger" sein; eine große Enttäuschung sein; ein Flop sein.
randada *f*
   G. -- Diebstahl.
randero, -a *subst*
   G. -- Dieb(-in).
raner *m*
   D. -- Dealer.
rápida *f*
   D. -- Mischung aus Heroin und Kokain.
rapsody *f*
   D. -- synthetische Droge.
rareras *m/sg*
   F. -- komischer Kauz, Sonderling.
rasca *f*
   F. -- 1. Klatsch, Schwätzchen --2. Schwips, Rausch -- 3. Kälte -- 4. Schuhputzer.
   G. -- 5. *m* Privatdetektiv; Schnüffler.
rascar *tr/intr*
   F. -- 1. *Aquí no tienes nada que rascar* - du hast hier nichts zu suchen; das geht dich nichts an.
   G. -- 2. ermitteln; schnüffeln.
rascón *m*
   G. -- neugieriger Mensch; Privatdetektiv; Schnüffler.
raspa *f*
   F. -- Dienstmädchen, Putzfrau.

rastrillo *m*
  G. -- Gefängnisgitter.
rata *m*
  F. -- 1. Knauser, Knicker.
  G. -- 2. Dieb.
raya *f*
  D. -- 1. Linie Kokain -- 2. *Hacerse una raya* - sich eine Linie legen.
rayo *m*
  F. -- 1. *Echar los rayos a alguien* - j-n röntgen -- 2. *Oler/saber a rayos* - schauderhaft stinken/schmecken -- 3. *¡Mal rayo te parta!* - verrecke!
realísima *adj*
  F. -- *Porque me da la realísima (gana)* - weil es mir (gerade) so paßt.
rebanar *tr*
  G. -- erstechen; hinschlachten.
rebanada/rebaná *f*
  G. -- Messerstich, Messerwunde.
rebotado, -a *adj*
  F. -- verärgert, verbittert, sauer.
rebotar *tr*
  F. -- verärgern, sauer machen, wütend machen.
rebote *m*
  F. -- Verärgerung, Verbitterung, Wut.
rebufar *intr*
  G. -- schnarchen.
rebuznar *intr*
  G. -- rülpsen.
recalá *f*
  G. -- Blick.
recalado, -a *adj*
  G. -- bekannt, berühmt.
recalar *tr*
  G. -- ansehen, anschauen; beobachten.
recañí *f*
  G. -- Fenster.
recata *m*
  F. -- Laufbursche.
receta *f*
  F. -- Strafzettel.
recochinearse *pronl*
  F. -- *Recochinearse de alguien* - sich über j-n lustig machen, j-n auslachen.
recochineo *m*
  F. -- Fopperei, (hämischer) Spott.
recogelimones *m/sg*
  F. -- Büstenhalter.
recortada/recortá *f*
  G. -- Gewehr mit abgesägtem Lauf.
¡rediez! *interj*

F. -- verflixt!
¡rediós! *interj*
F./V. -- verdammt noch mal!
redonda *f*
D. -- Amphetamin.
redondo *m*
F. -- 1. Bisexueller -- 2. aktiver und passiver Schwuler.
redrock *m*
D. -- hochreines Heroin.
refanfinflar *tr*
F. -- *Me la refanfinfla* - das ist mir schnuppe.
refor *m*
F. -- Besserungsanstalt.
regadera *f*
F. -- 1. Verrückter, Spinner -- 2. *Está como una regadera* - er/sie spinnt total.
registrar *tr*
F. -- *¡A mí que me registren!* - ich bin unschuldig, ich weiß von nichts.
rehostia *f*
F./V. -- 1. *¡Rehostia!* - unglaublich! -- 2. *¡Es la rehostia!* - das ist die Höhe!, das/der/die ist das Allerletzte!
reina *f*
F. -- 1. passiver Homosexueller, Tunte.
D. -- 2. reines Heroin.
reinona *f*
F. -- vermögender und einflußreicher Homosexueller.
rejada *f*
D. -- Knast.
rejado, -a *subst*
G. -- Sträfling.
releche *interj*
F./V. -- (*siehe* **rehostia**)
relente *m*
G. -- Feld.
remanguillé *f*
F. -- *A la remanguillé* - durcheinander.
remar *intr*
F. -- schuften, malochen.
remo *m*
F. -- 1. Arm -- 2. *Meter el remo* - ins Fettnäpfchen treten.
rengue *m*
G. -- Zug.
renguista *m*
G. -- Zugdieb.
rentoy *m*
G. -- Frechheit, Unverfrorenheit; Verwegenheit.
repajolero, -a *adj*
F. -- 1. verflixt, lästig -- 2. gaunerhaft; lustig; witzig.

repanocha *f*
    F. -- *¡La repanocha!* - die Höhe!, der Gipfel!
repaso *m*
    F. -- 1. Tracht Prügel -- 2. *Dar un repaso a alguien* - j-n (nach Strich und Faden) verprügeln.
repatear *tr*
    F. -- *Esto me repatea* - das geht mir gegen den Strich, das habe ich dick(e).
repe *adj*
    F. -- doppelt vorhanden.
repelús *m*
    F. -- Ängstlichkeit, Verzagtheit, Feigheit.
repera *f*
    F. -- *¡Esto es la repera!* - das ist unglaublich!, das ist sagenhaft!, das ist die Höhe!
repo *subst*
    F. -- Stotterer/-in.
repoin *m*
    D. -- Red Point (kolumbianisches Marihuana).
reprís *m*
    F. -- Geschwindigkeit, Hurtigkeit.
requilador, -a *subst*
    F. -- Schwätzer(-in).
respetable *m/subst*
    F. -- *El respetable* - das Publikum.
resuello *m*
    F. -- Zaster.
resultón, -a *adj*
    F. -- hübsch, attraktiv.
retablo *m*
    F. -- alter Mensch, Grufti, Komposti.
retaguardia *f*
    F. -- Popo.
retambufa *f*
    F. -- 1. Hintern -- 2. *Dar por la retambufa* - in den Hintern ficken -- 3. *¡Que te den por la retambufa!* - hau ab!, verpiß dich!
retro *m*
    F. -- altmodisch; reaktionär.
reventar *tr*
    G. -- 1. knacken -- 2. *Reventar una maría* - einen Safe knacken.
reverendo *m*
    V. -- Fotze.
reverte *m*
    G. -- 1. "Subjekt" -- 2. Fremder.
revientacajas *m/sg*
    G. -- Panzerknacker.
revolcón *m*
    F. -- Schmuserei.
revoleras *m/sg*

F. -- Unruhestifter.
rica *adj/f*
   F. -- *Estar rica* - (Frau) hübsch sein, sexy sein.
ridi *m*
   F. -- 1. Lächerlichkeit -- 2. *Hacer el ridi* - sich lächerlich machen.
rifer *m*
   D. -- Joint.
rifo *m*
   G. -- zum Betteln gemietetes Kind.
ril *m*
   G. -- Furz.
rila *f*
   G. -- Müdigkeit.
rilado, -a *adj*
   G. -- 1. erschöpft, todmüde -- 2. tot.
riladora *f.*
   G. -- Kartoffel.
rilar *tr*
   F. -- 1. belästigen, langweilen.
   V. -- 2. bumsen.
rilarse *pronl*
   G. -- 1. furzen -- 2. Schiß haben -- 3. sich ergeben.
rile *m*
   V. -- Hoden.
rilera *f*
   F. -- Sitzplatz, Bank.
ringar *intr*
   F. -- tanzen.
ringo *m*
   F. -- Disko.
ringón, -a *subst*
   F. -- Tänzer(-in).
riñón *m*
   F. -- 1. *Cuesta un riñón* - das ist sündhaft teuer -- 2. *Tener riñones* - Mut haben, Schneid haben.
ristra *f*
   F. -- 1. Aufruhr, Tumult -- 2. Tracht Prügel, Schlägerei.
Rita *f*
   F. -- *¡Que lo haga Rita!* - der Teufel soll es tun!
rizos *m/sg*
   F. -- Glatzkopf.
rocanrolero, -a *subst*
   F. -- Rocksänger(-in), Rockmusiker(-in).
roda *m*
   G. -- 1. Auto, Wagen -- 2. Taxi.
rodador, -a *subst*
   G. -- Wanderer/Wanderin, Reisende(r).

rodante *m*
G. -- 1. Fahrzeug -- 2. Bus.
rodantero, -a *subst*
G. -- Dieb/-in, der/die Wertgegenstände aus einem Wagen klaut.
rodríguez *m*
F. -- 1. Strohwitwer -- 2. *Estar de rodríguez* - Strohwitwer sein.
rogelio *m*
F. -- Roter, Linker.
rojear *intr*
F. -- ein Linker sein.
rojería *f*
F. -- die Linke, die Roten.
rojeras *m/sg*, **rojillo** *m*
F. -- Roter, Linker.
rollazo *m*
F. -- 1. langweiliger Vortrag; langweiliges Buch, "Schinken" -- 2. Langweiler.
rollista *m*
F. -- Schwätzer; Lügner.
rollo *m*
F. -- 1. Thema, Gesprächsstoff -- 2. Zungenfertigkeit -- 3. Lüge -- 4. lästige Angelegenheit -- 5. Ambiente, Milieu, Szene; Drogenszene -- 6. Geschäft -- 7. Liebesaffäre -- 8. Freund; Freundin -- 9. *¡Corta el rollo!* -- hör auf (mit dem Quatsch)! -- 10. *Es un mal rollo* - das ist ein schlimmes Ding -- 11. *Darle al rollo* - kiffen -- 12. *Meter el rollo* - immer die gleiche Geschichte erzählen -- 13. *Montarse el rollo* - sich durchschlagen -- 14. *Rollo macabeo/rollo patatero* - faustdicke Lüge -- 15. *Soltar el rollo a alguien* - j-m sein Leben erzählen; j-m mit dem eigenen Geschwätz auf den Geist gehen -- 16. *Tener mal rollo* - kontaktarm sein -- 17. *Tener un rollo* - eine Liebesaffäre haben -- 18. *Tirarse el rollo* - sich wie ein wahrer Freund benehmen, helfen -- 19. *Traerse/llevar un mal rollo* - ein mieses, verderbliches Dasein fristen.
romaní *m*
G. -- Zigeuner.
romanó *m*
G. -- Zigeunersprache.
romper *intr*
F. -- 1. Schluß machen, eine Liebesaffäre beenden -- 2. *Una persona que rompe* - ein hervorragender Mensch.
ronear *intr*
F. -- 1. angeben, prahlen -- 2. herumstreichen; marodieren -- 3. ein Liebesabenteuer suchen.
roña *subst/adj*
F. -- Knauser(-in), Knicker(-in); knauserig, knickrig.
ropón, -a *subst*
F. -- Model.
roque *m*
F. -- 1. Schlaf, Müdigkeit -- 2. *Estar roque* - tief schlafen -- 3. *Quedarse roque* - einschlafen.
rosario *m*

F. -- Sicherheitskette.
rosca *f*
    F. -- 1. Schmeichelei -- 2. *Hacer la rosca* - schmeicheln -- 3. *No comerse una rosca* - kein Glück bei Frauen haben; keinen Erfolg haben.
roscón *m*
    F. -- Schmeichler, Kriecher.
rosquilla *f*
    F. -- 1. Steuer -- 2. *Darle a la rosquilla* - Auto fahren.
rosquillear *intr*
    F. -- schmeicheln.
rosquillero, -a *subst*
    F. -- Fernfahrer(-in), Lastwagenfahrer(-in), Busfahrer(-in).
rostro *m*
    F. -- *Tener rostro* - unverschämt sein, unverfroren sein.
rubia *f*
    F. -- 1. Pesete -- 2. Bier.
rucha *f*
    G. -- Scharfmacherin, Aufgeilerin.
rucho *m*
    G. -- geiler Mann/Kerl.
rueda *f*
    F. -- 1. *Chupar rueda* - die fremde Arbeit für sich selbst ausnutzen.
    D. -- 2. Tablette.
    S. -- 3. *Chupar rueda* - (Radfahrer) im Windschatten des Vordermanns fahren.
rugir *intr*
    F. -- stinken.
ruge *m*
    F. -- Gestank.
ruina *f*
    G. -- lebenslange Freiheitsstrafe.
rula *m*
    G. -- 1. Auto, Wagen -- 2. Fahrzeug.
rular *intr/tr*
    F. -- 1. rollen -- 2. bummeln.
    D. -- 3. einen Joint drehen.
rule, rulo *m*
    F. -- 1. Bummel -- 2. *Dar un rule/rulo* - einen Spaziergang machen, bummeln.
rulé *m*
    F. -- Hintern, Popo.
ruma *f*
    G. -- Weib.
rumano *m*
    G. -- Slang, Argot.
rumay *f*
    G. -- Ehefrau.
runra *m*
    G. -- 1. Auto, Wagen -- 2. Fahrzeug.

rutero *m*
F. -- Fernfahrer.

S

sábana *f*
G. -- 1. Tausend-Peseten-Schein.
D. -- 2. Jointpapier.
sabanera *f*
F. -- Hure.
sabañón *m*
F. -- Nervensäge, Ekel.
sable *m*
V. -- Penis.
sacabocados *m/sg*
F. -- Schmarotzer, Schnorrer.
sacáis *m/pl*
G. -- Augen.
saco *m*
F. -- 1. Hintern, Popo -- 2. *Dar por el saco* - sodomisieren; belästigen, ärgern -- 3. *¡Que te den por saco!* - gehe zum Teufel!, verpiss' dich! -- 4. *Echar en saco roto* - in den Wind schlagen -- 5. *Irse a tomar por saco* - scheitern, ins Wasser fallen -- 6. *Mandar a tomar por saco* - zum Teufel schicken -- 7. *Tener en el saco* - fest im Griff haben.
G. -- 8. Knast -- 9. Tausend-Peseten-Schein.
sacudir *tr*
F. -- 1. verprügeln, nach Strich und Faden verhauen.
V. -- 2. *Sacudírsela* - onanieren, wichsen.
sadoca *m*
F. -- Sadist.
sainetero *m*
F. -- Lügner, Märchenerzähler.
sal *f*
F. -- *Sal gorda* - derber Humor.
salchicha *f*, **salchichón** *m*
V. -- Penis, Pimmel.
salido *m*
F. -- geiler Mensch.
sangrador, -a *subst*
F. -- Ausbeuter(-in), Blutsauger(-in).
sangrar *tr/intr*
F. -- 1. ausbeuten -- 2. schmarotzen; schnorren.
santa *f*
F. -- *La santa* - die Ehefrau, die bessere Hälfte.
santero *m*
F. -- Bettler vor einer Kirche.
santísima *f*
F. -- *Hacer la santísima (Pascua)* - belästigen, (j-m) auf den Geist gehen; (j-m) sehr schaden.
santo *m*

F. -- 1. netter Kerl -- 2. Wohltäter.
G. -- 3. *Dar el santo* - (unter Ganoven) einen Tip geben, wo man einbrechen kann.
saña *f*
G. -- Brieftasche.
sañero *m*
G. -- Taschendieb.
sapo *m*
F. -- 1. Scheusal, Ekel.
G. -- 2. Angehöriger der Guardia Civil.
saque *m*
F. -- 1. Hunger, Appetit -- 2. *Tener un buen saque* - einen gesegneten Appetit haben.
saquero *m*
G. -- Gefängniswärter.
sarao *m*
F. -- 1. Durcheinander, Trubel; Gaudi -- 2. Schlägerei -- 3. *Se armó un gran sarao* - es ging hoch her; es kam zu einer großen Schlägerei.
sarasa *m*
F. -- Homosexueller.
sartona *f*
F. -- 1. Tunte -- 2. Dummkopf.
„saci" *m*
F. -- 1. Bonbon -- 2. *No comerse un „saci"* - kein Glück bei den Frauen haben.
secajo *m*
F. -- klapperdürr.
secanta *f*
D. -- Heroin.
secante *m*
D. -- Tropfen LSD auf Löschpapier.
secar *tr*
G. -- umbringen, totschlagen, ermorden.
seco, -a *adj*
F. -- 1. ruiniert.
G. -- 2. tot, abgemurkst.
seda *f*
F. -- *Hacer seda* – schlafen.
sema *f*
G. -- Tätowierung -- 2. Indiz, Verdacht; Tip, Warnung.
semáforo *m*
F. -- 1. Auge -- 2. *Estar con el semáforo en rojo* - (Frau) die Tage haben.
semar *tr*
G. -- 1. (vor)warnen -- 2. wahrnehmen, wiedererkennen -- 3. auszeichnen.
sembrado, -a *adj*
F. -- 1. inspiriert, witzig -- 2. blöd, dumm.
señora *f*
G. -- *La señora* - die Polente.
serie *f*
F. -- 1. Homosexualität -- 2. *Ser de la serie* - schwul sein.

servilleta *subst* u. *adj*
    F. -- 1. *El servilleta* - Meine Wenigkeit, ich -- 2. Hausdiener, Dienstmädchen -- 3. dienerisch, kriecherisch.
servir *tr*
    G. -- festnehmen, verhaften.
sesera *f*
    F. -- "Grütze", Intelligenz, Verstand.
sesil *adj*
    F. -- phantasiebegabt, geistreich.
sesitis *f*
    F. -- Geisteskrankheit, Wahnsinn.
sesteante *adj*
    F. -- zerstreut.
sestear *intr*
    F. -- 1. nicht aufpassen, zerstreut sein -- 2. *¡No te sestees!* - paß auf!
seta *f*
    V. -- 1. Fotze -- 2. Weib.
sicabelar *tr*
    G. -- stehlen, klauen.
sicalíptico, -a *adj*
    F. -- obszön, pornographisch.
sicobar *tr*
    G. -- 1. einsperren, hinter Gitter bringen -- 2. (mit einem Springmesser) überfallen.
siena *f*
    G. -- Gesicht, Visage.
sierra *f*
    G. -- Gebiß.
sieso, -a *adj*
    F. -- unnütz; unfähig.
sietemachos *m/sg*
    F. -- Zwerg, Knilch.
sifilazo *m*
    F. -- schwere Erkrankung an Syphilis.
silbón, -a *adj*
    F. -- ausweichend; windig, schlüpfrig.
sinante *adj* u. *subst*
    G. -- reich, vermögend.
sinar *tr*
    G. -- haben, besitzen.
sinfonía *f*
    G. -- Vorstrafen, Strafregister.
singüeso (sinhueso) *f*
    F. -- Zunge.
sipi *adv*
    F. -- ja, jawohl.
sirena *f*
    F. -- Strichjunge.

sirla *f*
　G. -- 1. Springmesser -- 2. Raubüberfall (mit Springmesser).
sirlar *tr*
　G. -- überfallen (mit einem Springmesser).
sirlero *m*
　G. -- mit einem Springmesser bewaffneter Räuber, Messerstecher.
siroco *m*
　F. -- 1. Verrücktheit, Wahnsinn.
　D. -- 2. Rausch.
sisla *f*
　G. -- 1. Mut, Mumm, Schneid -- 2. Tracht Prügel.
soba *f*
　F. -- 1. Tracht Prügel -- 2. Fummelei -- 3. Müdigkeit, Schlaf.
sobacada/sobacá *f*
　F. -- Achselhöhle.
sobada/sobá *f*
　F. -- Entjungferte.
sobado/sobao *m*
　F. -- Müdigkeit, Schläfrigkeit; Schlaf.
sobandera *f*
　F. -- Scharfmacherin, Aufgeilerin.
sobandero *m*
　F. -- Grabscher, Fummler.
sobar *tr/intr*
　F. -- 1. verprügeln -- 2. schlafen -- 3. befummeln, betasten.
sobeo, sobeteo *m*
　F. -- Fummelei, Grabscherei.
sobeta *adv*
　F. -- *Estar sobeta* – schlafen.
sobo *m*
　F. -- Tracht Prügel.
sobón *m*
　F. -- Fummler, Grabscher.
sobre *m*
　F. -- Bett.
socia *f*
　F. -- Freundin, Geliebte.
sociata *m*
　F. -- Sozialist, PSOE-Mitglied.
socio *m*
　F. -- Kollege, Kumpel, Freund, Partner.
sociolisto *m*
　F. -- Sozialist, Sozi.
solana *f*
　F. – hellichter Tag.
solanas *adj*
　F. -- einsam.

solata *m*
    G. -- Einzelgänger; Einzeltäter.
solateras *m/f/sg*
    F. -- einsamer Mensch.
solisombra *m*
    F. -- 1. Mischung aus Anis und Cognac -- 2. Zweifel, Zögern.
solomillo *m*
    F. -- *Mover el solomillo* - tanzen.
solma *adj*
    G. -- rot, golden.
soltar *tr*
    F. -- (ver-)prügeln, schlagen.
sombra *f*
    F. -- Gefängnis, Knast.
someco *m*
    F. -- Laden, Geschäft, Kaufhaus.
sonaca *subst/f* u. *adj*
    G. -- 1. Tasche.
    F. -- 2. verrückt.
sonacas *m/f/sg*
    F. -- Verrückte(r), Spinner(-in).
sonacay *adj*
    G. -- rot, golden.
sonado, -a *adj*
    F. -- verrückt, plemplem, meschugge.
sonajero *m*
    F. -- 1.*Estar como un sonajero* - spinnen, nicht bei Trost sein.
    G. -- 2.Tasche.
soniqueador, -a *subst*
    F./G. -- 1. Hellseher(-in) -- 2. Träumer(-in).
soniquear *tr*
    F./G. -- erraten, hellsehen.
sonsi *m*
    F./G. -- Schweigen, Zurückhaltung.
soñarreras *m/sg*
    G. -- Dieb, der nur während der Nacht sein Unwesen treibt.
sopa *f*
    F./G. -- Benzin.
sopas *m/sg*
    F. -- Blödmann, Dummkopf, Depp.
sopera *f*
    F. -- Mülleimer.
sopero *m*
    F. -- Müllwagen.
soplado, -a *adj*
    F. -- 1. ruiniert -- 2. besoffen.
soplagaitas *m/sg*

F. -- Blödmann, Dummkopf, Depp.
soplapichas, soplapollas *m/sg*
F./V. -- Arschloch.
soplapollez *f*
F./V. -- Saudummheit, Blödsinn, Unsinn, Quatsch.
soplar *tr*
F. -- 1. saufen.
V. -- 2. Fellatio treiben -- 3. *Esto me la sopla* - das ist mir scheißegal -- 4. *¡Me la soplas!* - leck mich am Arsch!
soplo *m*
F. -- 1. Vorwarnung, Tip -- 2. *Dar el soplo* - verraten, verpfeifen.
soplonero *m*
G. -- Spitzel.
sorche, sorchi *m*
M. -- Soldat.
sorderas *subst/sg*
F. -- tauber Mensch.
sorna *f*
G. -- 1. Gold -- 2. Ring -- 3. Nacht -- 4. Müdigkeit.
sornar *intr*
G. -- schlafen.
sornas *subst/sg*
G. -- Siebenschläfer(-in).
soseras *subst/sg*
F. -- witzloser, langweiliger Mensch.
sota *f*
F. -- Hure.
sotanosaurio *m*
F. -- Pfaffe.
sputnik *m*
D. -- erstklassiges Haschisch.
suave *adj*
F. -- *Poner suave* - durchprügeln, windelweich schlagen.
subida *f*, **subidón** *m*
F. -- 1. plötzliche Euphorie, Stimmungshoch.
D. -- 2. Euphorie nach Drogeneinnahme.
sudaca *subst u. adj*
F. -- (verächtlich) Südamerikaner(-in), Lateinamerikaner(-in).
sudado *m*
F. -- 1. Socken -- 2. Schwerarbeiter, Malocher.
sudán *m*
F./V. -- Achselhöhle.
sudar *intr*
F. -- 1. schuften, malochen.
V. -- 2. *Me la suda* - das ist mir scheißegal.
suela *f*
F. -- 1. Zunge.

D. -- 2. Haschischplatte.
suene *adj*
  F. -- *Estar suene* - spinnen.
sufrida *f*
  F. -- Bett.
sugar *f*
  D. -- Heroin.
suje *m*
  F. -- Büstenhalter.
sultana *f*
  F. -- Kupplerin.
sumé *m*
  G. -- 1. Autorität, Macht -- 2. einflußreicher Mann.
sumei, sumén *m*
  G. -- 1. Mensch -- 2. ungeschickter Mensch, Tolpatsch.
supermán *m*
  D. -- LSD-Sorte.
suple *m*
  F. -- kleines Glas Wermuth.
susto *m*
  F. -- *¡El susto!* - die Rechnung, bitte!, bitte, zahlen!

T

taba *f*
    F. -- 1. Jahr -- 2. *Comerse las tabas* - älter werden; Jahre im Knast absitzen -- 3. Lügner, Verräter, falscher Hund -- 4. Knauser, Knicker -- 5. *Soltar la taba* - blechen -- 6. weibliche Hüfte -- 7. *Apretar las tabas* - bumsen -- 8. *Mover las tabas* - tanzen -- 9. Kartenspiel -- 10. *Darle a la taba* - spielen -- 11. *Juego de la taba* - Knöchelspiel -- 12. Faustschlag, Ohrfeige -- 13. *Estar en las tabas* - spindeldürr sein.
    D. -- 14. (*m*) Tabak (gemischt mit Haschisch).

tabaco *m*
    F. -- Faustschlag; Ohrfeige.

tábano *m*
    F. -- brutaler Mensch, Bestie.

tabero *m*
    F. -- Spieler.

tabla *f*, **tablón** *m*
    F. -- Rausch.

tacatá *m*
    F./V. -- Fick.

taco *m*
    F. -- 1. Jahr -- 2. *Cumplir 40 tacos* - 40 Jahre alt werden -- 3. Durcheinander, Streit; Schlägerei -- 4. *Armar el taco* - einen großen Krach schlagen; großes Aufsehen erregen. -- 5. magerer und großgewachsener Mensch.

tacón *m*
    G. -- Geldbeutel.

taconera *f*
    F. -- Prostituierte.

tachín *m*
    F. -- 1. Schuh -- 2. Fuß.

tajada *f*
    F. -- 1. Rausch -- 2. Gewinn, Profit.

tajaderas *m/sg*
    F. -- Säufer.

tajadero *m*
    F. -- Wucherer.

tajero *m* (*siehe* **tajaderas**)

tajo *m*
    F. -- Arbeitsplatz.

tajón *m*
    F. -- Vollrausch.

talco *m*
    D. -- hochreines Heroin.

talega *f*
    F. -- Hosenlatz.

talegada *f*
    F. -- Reichtum, Vermögen.

talegario *m*
   G. -- Knast-Slang.
talego *m*
   G. -- 1. Tausend-Peseten-Schein -- 2. Knast.
   D. -- 3. Portion Haschisch.
taleguero *m*
   G. -- 1. Gefängniswärter -- 2. Sträfling.
talonazo *m*
   F. -- 1. teuerer Einkauf per Scheck -- 2. Scheck über eine sehr hohe Geldsumme.
talonero *m*
   F. -- Bankier.
tanga *f*
   F. -- 1. Ehefrau -- 2. (*m*) Mittäter, Komplize.
tangar *tr*
   G. -- betrügen, beschwindeln.
tangoso, -a *adj*
   G. -- betrügerisch, trickreich.
tangue *m*
   G. -- Betrug, Lüge, Schwindel.
tanguear *tr* (*siehe* **tangar**)
tanque *m*
   F. -- 1. Bierkrug -- 2. Harnblase -- 3. sinnliches Weib -- 4. *Estar como un tanque* - sehr begehrenswert sein, sehr sexy sein -- 5. große Damenhandtasche.
tantisabar *tr*
   G. -- befummeln, betasten; abnutzen.
tañar *tr*
   G. -- verstehen, kapieren -- 2. wahrsagen.
tapa *f*
   F. -- Schal.
tapabaste *m*, **tapabasto** *m*
   F. -- Handschuh.
tapabocas *m/sg*
   F. -- belegtes Brot.
tapaculos *m/sg*
   V. -- Arschficker.
taparrón *m*
   F. -- Mantel.
tapia *f*
   F. -- tauber Mensch.
tapiñar *tr*
   G. -- 1. essen -- 2. verbergen, verstecken, verheimlichen; schweigen.
tapón *m*
   F. -- "Stöpsel", Zwerg(-in).
taquilla *f*
   F. -- Ohr.
tarado, -a *adj*
   F. -- geistig zurückgeblieben.

tarambaco *m*
    G. -- (Nervenheilanstalt) Isolationszelle.
tararí *adv*
    F. -- nein, von wegen.
tarifar *intr*
    F. -- sich zerstreiten.
tarifero *m*
    F. -- Raufbold; Anstifter, Provokateur.
tarra *f/m*
    F. -- alter Mensch, Grufti.
tarrazo *m*
    F. -- Kopfschlag.
tarrete *m*
    F. -- "altes Haus", Greis, Grufti.
tarro *m*
    F. -- 1. Kopf -- 2. *Calentarse el tarro* - grübeln -- 3. *Comerle el tarro a alguien* - sich j-n seelisch gefügig machen, j-n einer Gehirnwäsche unterziehen -- 3. *Comerse el tarro* - grübeln, sich große Sorgen machen -- 4. *Estar mal del tarro* - nicht bei Trost sein -- 5. *Tener mucho tarro* - hochintelligent sein.
tarroso, -a *adj*
    F. -- reif, vernünftig.
tarrudo, -a *adj*
    F. -- hoch begabt.
tartaja *m*
    F. -- 1. Stotterer.
    G. -- 2. (*f*) Maschinengewehr.
tártaro, -a *adj*
    F. -- 1. unwissend, ignorant -- 2. brutal, wild.
tartera *m*
    F. -- 1. Maurer -- 2. Kopf.
    G. -- 3. Uhr.
tarugo *m*
    F. -- Bestechung.
tarugueo *m*
    F. -- Korruption, Vetternwirtschaft.
taruguero, -a, taruguista *adj u. subst*
    F. -- korrupt, bestechlich.
tasabar *tr*
    G. -- umbringen, ermorden.
tascucio *m*
    F. -- Spelunke, Saufbude.
tate *m*
    D. -- Haschisch.
tatero, -a *subst*
    D. -- Kiffer(-in).
tató *m*
    G. -- Brot.

tea *f*
   G. -- 1. Rausch -- 2. Springmesser.
teca *f*
   F. -- Disko.
tecla *f*
   G. -- Finger.
teclear *tr*
   G. -- die Fingerabdrücke abnehmen.
tegui *m*
   G. -- Autodieb.
tejo *m*
   F. -- Fünf-Peseten-Münze -- 2. *Tirar los tejos* - anbandeln, anmachen.
tela *f*
   F. -- 1. Stoff, Zaster -- 2. *Ser tela marinera* - ausgezeichnet sein, super sein; beachtenswert sein; sehr viel sein -- 3. *¡Es tela marinera!* - das ist nicht von Pappe!
telele *m*
   F. -- 1. Zusammenbruch; Schlaganfall -- 2. *Darle un telele a alguien* - einen Zusammenbruch/einen Schlaganfall erleiden.
telón *m*
   F. -- großes Vermögen.
telonero *m*
   F. -- 1. zweitrangiger Sänger, der vor dem Hauptstar auftritt -- 2. Redner, der vor dem Hauptredner auftritt.
templado, -a *adj*
   F. -- betrunken.
templo *m*
   F. -- Disko; Jugendzentrum.
tener *tr*
   F. -- 1. *No tenerlas todas consigo* - argwöhnen -- 2. *No las tengo todas conmigo* - mir ist es nicht geheuer, mir schwant etwas.
teniente *adj*
   F. -- taub.
tentón *m*
   F. -- Fummler, Grabscher.
tentona *f*
   F. -- Scharfmacherin, Aufgeilerin.
teresas *f/pl*
   F.-- Brüste.
teresiano *m*
   F. -- Büstenhalter.
teta *adj*
   F. -- 1. köstlich, ausgezeichnet, prima -- 2. *Pasárselo teta* - sich köstlich amüsieren, sich phantastisch unterhalten -- 3. *Estar teta* - köstlich sein, appetitlich sein.
tetamen *m*
   F. – Brüste.
tetera *f*
   F. -- Büstenhalter.

tiaca *f*
    F. -- (verächtlich) Weib.
tiaco *m*
    F. -- (verächtlich) Kerl.
tiarrón *m*
    F. -- Mannsbild.
tiberio *m*
    F. -- 1. Durcheinander, Krach, Streit, Schlägerei -- 2. *Montar un tiberio* - einen Streit, eine Schlägerei vom Zaun brechen.
tiento *m*
    F. -- Schluck.
tierra *f*
    D. -- Haschisch niedriger Qualität.
tieso, -a *adj*
    F. -- 1. tot -- 2. *Dejar tieso a alguien* - j-n auf der Stelle töten -- 3. *Estar tieso* - abgebrannt sein.
tiesto *m*
    F. -- *Mear fuera del tiesto* - an der Sache vorbeireden; sich daneben benehmen.
tigre *m*
    F. -- 1. *Oler a tigre* - fürchterlich stinken.
    G. -- 2. Klo -- 3. *Ruge el tigre* - das Klo stinkt.
tijera *f*
    G. -- *Hacer la tijera* - die Brieftasche stibitzen.
tila *f*
    D. -- Marihuana.
tiloso, -a *subst*
    D. -- Marihuana-Kiffer(-in).
timbero *m*
    F. -- 1. Spieler -- 2. Lebemann.
tinajero *m*
    F. -- Trunkenbold, Säufer.
tinte *m*
    G. -- Krankenhaus.
tía *f*
    F. -- Frau.
tío *m*
    F. -- Mann, Kerl.
tiorra *f*
    F. -- 1. Mannweib -- 2. Lesbe.
tiorro *m*
    F. -- ungeschlachter Kerl.
tipa *f*
    F. -- Nutte.
tiparraca *f*
    F. -- 1. Luder -- 2. Nutte.
tirado, -a *adj*

F. -- 1. *Está tirado* - das ist kinderleicht -- 2. *Está tirado* - das ist spottbillig -- 3. schlecht, verdorben, sittlich verkommen -- 4. *Quedarse tirado* - den Zug, das Flugzeug verpassen; versetzt werden; allein gelassen werden -- 5. *Dejar tirado* - verlassen.
D. -- 6. deprimiert, niedergeschlagen.
tirador *m*
F./V. -- Ficker.
tirante *m*
F. -- 1. Mut, Schneid, Schmiß, Schwung -- 2. *Doblar el tirante* - malochen.
tirapedos *m/sg*
V. -- Arsch.
tirar *tr*
V. -- *Tirarse a una mujer* - eine Frau bumsen.
tiro *m*
D. -- Heroin-/Kokainlinie.
tirón *m*
F. -- 1. *Tener tirón* - anziehend sein; Biß haben; Erfolg haben, siegen -- 2. *Aguantar el tirón* - aushalten, Durchhaltevermögen zeigen.
G. -- 3. Handtaschenraub (durch gewaltsames Entreißen, meist von einem Motorrad aus).
tisna *f*
G. -- Küche.
titi *subst*
F. -- 1. junger Mann, junge Frau -- 2. *Las titis* - die Brüste -- 3. Prostituierte.
tiza *f*
D. -- Kokain.
toba *f*
F. -- 1. (Zigaretten)Kippe -- 2. kleiner Nasenstüber (mit Mittelfinger und Daumen).
tocha *f*
F. -- Nase.
tochear *tr*
D. -- sniffen.
tocho *m*
F. -- 1. Plattenspieler -- 2. (*adj*) unwissend, ignorant -- 3. (*adj*) ungeschlacht, ungehobelt.
G. -- 4. Buch, Band -- 5. Ermittlungsverfahren.
tocinera *f*
G. -- Grüne Minna.
tocino *m*
F. -- Dummkopf, Depp.
toco *m*
G. -- falscher Lotterieschein.
tocomocho *m*
G. -- Betrug mit einem falschen Lotterieschein.
tocón *m*
F. -- Fummler, Grabscher.
todopoderoso *m*
F./V. -- Penis.
tolai, tolay, toli, tolili *adj*
G. -- blöde, dumm.

tomante *m*
    F. -- Schwuler.
tomate *m*
    F. -- 1. Durcheinander, Krach, Rauferei, Tohuwabohu --2. die entscheidende Frage, das Warum -- 3. (Frau) die Regel, die Tage -- 4. *Aquí hay mucho tomate* - hier geht es nicht mit rechten Dingen zu; hier ist einiges faul; hier geht es hoch her -- 5. *Hacer el tomate* - sich lächerlich machen; (Frau) sich nuttenhaft benehmen -- 6. *Poner el culo como un tomate* - den Hintern versohlen -- 7. *Ponerse como un tomate* - puterrot werden.
tomo *m*
    G. -- Haar.
tonel *m*
    F. -- 1. dicker Mensch -- 2. Bauch, Wanst, Wampe.
tongueras *m/sg*
    F. -- Betrüger, Lügner.
tonta *f*
    G. -- Dietrich.
tontarra *f/m*
    F. -- Depp, Trottel.
tonto, -a *adj* u.*subst*
    F. -- 1. dumm -- 2. *Tonto del bote; tonto de las narices* - saudumm.
    V. -- 3. *Tonto del carajo/de la chorra/de los cojones/del haba/del higo/de los huevos/de la picha/de la polla/del pijo* - Arschloch.
toña *f*
    F. -- 1. Schlag, Faustschlag -- 2. Rausch -- 3. *Agarrar (coger) una toña* - sich einen Rausch antrinken, sich besaufen.
tope *m*
    F. -- 1. *A tope* - voll; mit voller Pulle.
    G. -- 2. Raub, Einbruch.
topera *f*
    D. -- Drogenversteck.
topero *m*
    G. -- Einbrecher.
toquilla *f*
    F. -- Rausch.
torero *m*
    F. -- 1. Freier -- 2. *Algo que no se lo salta un torero* - etwas Außergewöhnliches, etwas Einmaliges, etwas sehr Großes, etwas sehr Schwieriges.
torra *f*
    F. -- 1. Kopf -- 2. *Darle a la torra* - grübeln, nachdenken.
torrarse *pronl*
    F. -- 1. in der Sonne schmoren -- 2. sich bräunen -- 3. *Me torro* - mir ist glühend heiß.
torre *m*
    F. -- Hitze.
torrija *f*
    F. -- Rausch.
torti *f* (siehe **tortillera**)
tortilla *f*

F. -- lesbischer Sexualverkehr.
tortillera *f*
   F. -- Lesbierin.
tosta *f*
   G. -- Strafe; Urteil.
tostá *f*
   F. -- (Frau) die Tage.
tostada *f*
   F. -- *Olerse la tostada* - Lunte riechen.
trabajar *f*
   D. -- verschneiden.
trabuco *m*
   F./V. -- Penis, Schwanz.
trabuquera *f*
   F. -- Hure.
trabuquero *m*
   F. -- Hurenbock.
traca *f*
   F. -- Durcheinander, Krach, Tumult -- 2. *Dar la traca* - belästigen, auf den Geist gehen.
tracar *tr*
   G. -- überfallen.
traer *tr*
   F. -- *Me la trae floja* - das ist mir scheißegal.
trafica *m*
   D. -- Kleindealer.
tragaderas *m/sg*
   F. -- 1. Mann, der alles widerspruchslos schluckt -- 2. Leichtgläubiger -- 3. *Tener tragaderas* - alles schlucken, sich alles gefallen lassen.
tragar *tr*
   F. -- 1. erdulden, ertragen, wiederspruchslos hinnehmen -- 2. leichtfertig glauben, für bare Münze nehmen -- 3. (Frau) leicht zu haben sein.
tragón *m*
   F. -- Gehörnter, Hahnrei.
tragona *f*
   F. -- "leichte" Frau, immer zum Sex bereite Frau.
trague *m*
   F. -- 1. Naivität -- 2. Nachgiebigkeit.
traidora *f*
   F. -- Tod.
trajín *m*
   F. -- 1. das allgemeine Tun -- 2. die Politik.
   F./V. -- 3. das Bumsen.
trajinar *tr*
   F. -- 1. betrügen, reinlegen.
   F./V. -- 2. bumsen, ficken.
tralla *f*
   G. -- 1. Uhrkette -- 2. Gürtel.

tranca *f*
   F. -- 1. Rausch.
   F./V. -- 2. Penis, Schwanz.
tranqui *adj*
   F. -- ruhig.
trapería *f*
   F. -- Modengeschäft.
trapero *m*
   G. -- Wucherer.
trapicha *m*
   D. -- Kleindealer.
trapiche, trapicheo *m*
   D. -- kleiner Drogenhandel.
trapo *m*
   F. -- 1. *Entrar al trapo* - sich auf eine Diskussion oder einen Streit einlassen -- 2. Damenbinde.
traque *m*
   G. -- Überfall.
traspiñar *tr*
   F. -- essen, fressen.
trasto *m*
   F. -- 1. *Tirar los trastos* - anbandeln, anmachen.
   F./V. -- 2. Penis, Pimmel.
travesti, travieso *m*
   F. -- Transvestit.
tren *m*
   F. -- *Estar como un tren* - sehr gut aussehend sein, sehr sexy sein.
trena *f*
   G. -- Knast.
trenero, -a *subst*
   G. -- Gefängniswärter(-in).
treno *m*
   G. -- Sträfling.
trepa *m*
   F. -- 1. Karrierist, Emporkömmling -- 2. Schmeichler, Kriecher.
trepar *intr*
   F. -- durch Kriecherei und mit rücksichtslosem Gebrauch der "Ellbogen" Karriere machen.
tribu *f*
   F. -- Leute, Menschen, Menge.
trilas, triles *f*
   G. -- betrügerisches Wettspiel auf der Straße (meistens mit Karten).
trilero *m*
   G. -- (auf der Straße) betrügerischer Wettspieler (meistens mit Karten).
trinar *intr*
   G. -- singen.
trincar *tr*
   G. -- 1. festnehmen, verhaften -- 2. kassieren.

trincón, -a *adj*
    G. -- korrupt, bestechlich.
trinero *m*
    G. -- Spitzel, Denunziant.
trino *m*
    G. -- Tip; Verrat.
trinque *m*
    F. -- 1. das Trinken
    G. -- 2. Bestechung, Bestechungsgeld.
tripa *m*
    F. -- Egoist, Materialist, Opportunist.
tripear *tr*
    F. -- 1. essen, fressen, verschlingen.
    G. -- 2. LSD einnehmen.
tripeo *m*
    F. -- Essen.
tripería *f*
    F. -- Restaurant, Gaststätte.
tripi, tripin *m*
    D. -- LSD.
trócolo *m*
    D. -- Joint.
trollista *m*
    G. -- Einbrecher, Dieb.
trollo *m*
    G. -- Wohnung, Mietshaus.
trompa *f*
    F. -- 1. große Nase -- 2. Vollrausch.
trompar *tr*
    D. -- sniffen.
trompeta *f*
    D. -- Joint.
trompi *subst*
    D. -- Drogensüchtige(r)
trompo *m*
    G. -- Tausend-Peseten-Schein.
tron *m*
    F. -- Kumpel, Kollege, Freund.
troncho *m*
    M. -- 1. Rekrut, Soldat.
    F./V. -- 2. Penis, Schwanz.
tronear *intr*
    F. -- Blödsinn daherreden; Unsinn machen.
trono *m*
    F. -- Klo.
tropecientos *adv*
    F. -- sehr viel, eine ganze Menge.

trota *f*
F. -- Hallodri, Filou.
trotadora *f*
F. -- Dirne.
trote *m*
D. -- Heroin.
truja *f*
G. -- Zigarette.
trullo *m*
G. -- Knast, "Loch".
truñar *intr*
G. -- kacken, scheißen.
truque *m*
G. -- Betrug, Schwindel.
tubería *f*
D. -- Ader.
tubo *m*
F. -- 1. hohes Glas Bier -- 2. *Meter un tubo a alguien* - j-n bestrafen -- 3. *Pasar por el tubo* - sich beugen.
G. -- 3. U-Bahn -- 4. Knast.
tueste *m*
F. -- Hitze.
tufo *m*
F. -- 1. Angeberei, Prahlerei -- 2. Scharfsinn, Spürsinn.
tumba *f*
G. -- Safe, Panzerschrank einer Bank.
tumei *pron*
G. -- 1. du -- 2. *Tumei de la cobai* - der Schuldige.
tupi *adj*
G. -- tuberkulös.
turca *f*
F. -- 1. Feldbett, Pritsche -- 2. Vollrausch.
¡tururú! *interj*
F. -- kommt nicht in die Tüte!
turuta *m*
M. -- Hornist, Kornett.

U

ufa *f*
    F. -- Wut, Zorn.
ufar *tr*
    F. -- wütend machen.
ugetero, -a, ugetista *subst*
    F. -- Mitglied der sozialistischen Gewerkschaft UGT.
ultra *subst*
    F. -- Rechtsextremist(-in).
umbría *f*
    G. -- Tod.
umbrir(se) *intr/pronl*
    G. -- sterben, abkratzen.
unga *adv*
    G. -- ja, jawohl.
untadura *f*, **untaje** *m*
    F. -- Bestechung.
untar *tr*
    F. -- bestechen, "schmieren".
uña *f*
    F. -- *Estar de uñas con alguien* - j-m nicht grün sein, auf j-n stocksauer sein.
uñetada *f*
    F. -- Kratzer.
urbanita *subst*
    F. -- Großstädter(-in).
urraca *subst*
    G. -- Hehler(-in).
uva *f*
    F. -- Wein -- 2. *Darle a la uva* - saufen -- 3. *Tener mala uva* - einen miesen Charakter haben, eine Giftnudel sein.
uvero, -a *subst*
    F. -- Säufer(-in).

vaca *f*
 F. -- 1. dicker Mensch; Fettwanst.
 V. -- 2. *Ordeñar la vaca* - onanieren.
vacaburra *f*
 F. -- dumme Kuh.
vacaciones *f/pl*
 F. -- *Tener vacaciones* - (Frau) die Tage haben.
vaciarse *pronl*
 V. -- ejakulieren.
vacila *m*
 F. -- lustiger, netter, immer zu Scherzen aufgelegter Mensch.
vacilar *intr*
 F. -- scherzen, spaßen, spotten; sich amüsieren.
vacile *m*
 F. -- Fopperei, Scherz, Spott.
vacilón *m* (*siehe* **vacila**).
 G. -- Haschisch- oder Marihuana-Rausch.
vacuna *f*
 F. -- Schwangerschaft.
vacunar *tr*
 F. -- 1. schwängern -- 2. *Estar sin vacunar* - ein Lümmel, ein Grobian, ein ungeschlachter Kerl sein.
vaginera *f*
 D. -- Drogenschmugglerin, die das Rauschgift in der Scheide versteckt.
vago, -a *adj*
 F. -- *Vago (a) de siete suelas* - stinkfaul.
vagoneta *m*
 F. -- fauler Hund.
vagotonía *f*
 F. -- Faulheit.
vaina *f*
 F. -- 1. Angelegenheit, Forderung -- 2. Quatsch -- 3. (*m*) oberflächlicher, verantwortungsloser Kerl.
vainilla *m*
 F. -- Feigling.
vara *f*
 F. -- 1. Streit, Zank, Prügelei, Tumult -- 2. *Dar la vara* - rügen, schelten, tadeln; belästigen, auf den Wecker fallen.
vareta *f*
 F. -- 1. Mastdarm -- 2. *Irse de vareta* - Durchfall haben.
vaselina *f*
 F. -- 1. Bereitwilligkeit, Entgegenkommen, Nachgiebigkeit; Sanftmut -- 2. *Dar/poner vaselina* - einlenken, nachgeben.
vela *f*

F. -- 1. Rotz -- 2. *Estar a dos velas* - abgebrannt sein, arm wie eine Kirchenmaus sein.
veleta *adj* u. *subst*
    F. -- wetterwendisch, unbeständig, wankelmütig; Wendehals.
veletear *intr*
    F. -- sich nach dem Wind drehen.
vena *f*
    F. -- 1. Spinnerei, Verrücktheit, Manie -- 2. *Darle a uno la vena* - zu spinnen anfangen.
vendimia *f*
    F. -- alkoholische Getränke.
vendimiar *intr*
    F. -- saufen.
ventilar *tr/pronl*
    F. -- 1. lösen, erledigen.
    F./V. -- 2. bumsen -- 3. *Ventilarse a alguien* - j-n bumsen.
ventolera *f*
    F. -- Manie, Spinnerei; jähes, unvernünftiges Verhalten.
ver *tr*
    F. -- 1. *Verlas venir* - abwarten, es darauf ankommen lassen -- 2. ... *que no veas* - du kannst es dir gar nicht vorstellen.
veraneo *m*
    F. -- Gefängnisstrafe.
verde *m*
    F. -- 1. Tausend-Peseten-Schein -- 2. Angehöriger der Guardia Civil.
verderón, -a *adj* u. *subst*
    F. -- unreif, unerfahren; Grünschnabel.
verdú *m*
    G. -- 1. Tür -- 2. *Darse un verdú* - abhauen, verduften.
verdura *f*
    F. -- Wahrheit.
vergajo *m*
    V. -- Penis, Prügel.
viajar *intr*
    D. -- auf LSD-Trip gehen.
viaje *m*
    F. -- 1. Ohrfeige, Schlag.
    D. -- 2. Trip.
vibración *f*
    F. -- positive Ausstrahlung.
vida *f*
    F. -- 1. *Darse/pegarse la vida padre* - ein schönes Leben haben -- 2. *Echarse a la vida* - auf den Strich gehen.
vidrio *m*
    F. -- 1. Glas Wein oder Schnaps -- 2. *Ser del sindicato del vidrio* - Brillenträger sein.
vidrios *m/pl*
    F. -- Brille.
viejales *m*
    F. -- Greis, Grufti, Komposti.

villa Paquita *f*
  G. -- Knast, Bau.
vincho, -a *adj*
  F./G. -- nett, sympathisch.
vino *m*
  F. -- *Tener mal vino* - im Rausch rauflustig werden.
virada *f*
  F. -- Lesbierin, Lesbe.
virado *m*
  F. -- Schwuler.
virguería *f*
  F. -- Köstlichkeit, Kunstwerk, Meisterwerk; Wunder.
virguero, -a *adj* u. *subst*
  F. -- 1. köstlich, super, wunderbar -- 2. sehr geschickter Mensch.
virguito *m*
  F. -- blutjunges Mädchen.
viroque *subst*
  F. -- Schieler(-in).
virulé *adj*
  F. -- 1. beschädigt, kaputt -- 2. *Poner a alguien a la virulé* - j-n zusammenschlagen, grün und blau schlagen; kein gutes Haar an j-m lassen.
viruta *f*
  G. -- 1. Zaster, Moneten -- 2. Beute.
virutas *m/sg*
  F. -- Schreiner.
visera *f*
  F. -- Wimper.
visillo *m*
  F. -- (Augen-) Lid.
vitola *f*
  F. -- Qualität, Klasse.
vitrina *f*
  F. -- 1. Brille -- 2. Wagen, Taxi, Bus.
vivales *adj* u. *subst/sg*
  F. -- gewieft, schlau; Schlauberger.
vivalavirgen *subst*
  F. -- unordentliche Person, die in den Tag hineinlebt.
volanteras *m/sg*
  F. -- Taxifahrer; Busfahrer; LKW-Fahrer.
volata *m*
  F. -- 1. Flugzeug, Flieger.
  G. -- 2. Dieb.
volatera *f*
  F. -- Stewardess.
volcán *m*
  D. -- LSD.
voltio *m*

F. -- 1. Spaziergang -- 2. *Darse un voltio* - einen Bummel machen.
vulcano *m* (*siehe* **volcán**).

xuquel *m*
    G. -- Hund.
xuquelar *intr*
    G. -- bellen.
xuqui *m*
    G. -- Freund, Kollege, Kumpel.

Y

yaqui *m*
   G. -- Feuer.
yapa *adj*
   G. -- launisch, unbeständig.
yegua *f*
   F. -- heißes Weib.
yepa *m*
   G. -- Stoffreste.
yepero *m*
   G. -- Schneider.
yerba *f (siehe* **hierba***)*
yogur *m*
   F. -- 1. blutjunges Mädchen -- 2. sportlicher junger Mann.
yoin *m*
   D. -- Joint.
yuca *f*
   G. -- gefälschte Geburtsurkunde.
yute *m*
   F. -- Greis, alter Tatterer, Grufti.
yuyu *m*
   F./V. -- 1. *Echar un yuyu* - bumsen.
   F./G. -- 2. Unglücksrabe -- 3. Unglücksbringer.

Z

zambomba *f*
   F. -- *Tocar la zambomba* - onanieren.
zambucar *tr/intr*
   G. -- Geld fälschen; mit gefälschtem Geld handeln.
zambuco *m*
   G. -- Geldfälscher.
zampa, zampá *f*
   F. -- 1. viel Essen, Fressen -- 2. *Darse una zampá* - sich vollfressen.
zanahoria *f*
   V. -- Penis, Schwanz.
zape *adj*
   F. -- schwul.
zapear *intr*
   F. -- zappen, zapping machen.
zaranda *f*
   F. -- Fest, Feier.
zoca *f*
   G. -- 1. linke Hand -- 2. (*f/m*) Linkshänder(-in).
zombi *m*
   F. -- *Estar como un zombi* - benommen, geistesabwesend, verstört, verwirrt sein.
zorra *f*
   F. -- 1. Hure -- 2. *¡Ni zorra (idea)!* - keine (blasse) Ahnung! -- 3. *Coger una zorra* - sich einen Rausch ansaufen.
zorrera *f*
   F. -- 1. unordentliches Zimmer, "Saustall" -- 2. Bordellzimmer -- 3. Durcheinander, Lärm, Krach, Tumult.
zorro *m*
   V. -- Fotze.
zorrocotronco *m*
   F. -- Bauernlümmel, ungehobelter Mann.
zulo *m*
   M. -- (Waffen-)Versteck, konspirative Wohnung.
zumbado, -a *adj*
   F. -- verrückt.
zumbar *tr*
   F. -- 1. rauben, überfallen.
   F./V. -- 2. bumsen.
zumbón, -a *adj*
   F. -- streitsüchtig, rauflustig.
zupo *m*
   V. -- Penis, Schwanz.
zuri *m*
   F. -- 1. Flucht -- 2. *Darse el zuri* - abhauen.
zuripa *m*

F. -- Ausbrecher.
zurraspa *f*
F. -- 1. Kotfleck in der Unterwäsche -- 2. Lappalie.
zurriaga *f*
F. -- Hure.
zurriago *m*
V. -- Penis, Prügel.
zuzo, -a *adj*
F. -- benommen, verwirrt.